すらすら金融商品会計

公認会計士
岡本 修【著】
Okamoto Osamu

中央経済社

はじめに

　金融商品会計は数ある会計分野の中でも，特に難しいと感じる人が多いという特徴があります。その理由は，金融商品そのものに対してなじみがないという点に加え，金融商品会計に関係する基準，規定が多岐にわたり，また，例外規定も数多く設けられているという点にあります。そして，金融商品会計のベースである「金融商品に関する会計基準」も，読みづらく，独習するには非常に難しいと感じる人も多いでしょう。

　ただ，金融商品会計の規定は膨大であることに加え，細かい規定が多く設けられていることは事実ですが，個別論点は決して難しくありません。これに加えて，金融商品会計の規定だけでなく，その背景にある個別の金融商品を理解すれば，金融商品会計は決して難解ではなく，むしろ非常に身近なものに感じていただけるはずです。

　そこで，本書では，金融商品会計を最初から順番に解説するのではなく，金融商品会計を有価証券，金銭債権債務，デリバティブ，その他の分野別にまとめ直し，それぞれのポイントを解説することにしました。その際，金融商品会計の規定だけを紹介するのではなく，紙面の都合が許す限り，実際の金融商品の解説に務めました。このようにすることで，金融商品会計が実際の知識とともに身に付くという仕組みです。

　本書では，「すらすら読めて，絵で見てわかる」という点を最も重視しています。たとえば，図表を多用するとともに，基準の表現をわかりやすく置き換えるなどの工夫を盛り込んでいます。これに加えて，1つひとつの論点について，可能な限り，関連する具体的な金融商品の解説を加えています。

　しかし，本書は「わかりやすく書いている」というだけの話であり，内容は決して「入門・初級」レベルに留まるものではありません。本書

を読んでいただければ，金融商品会計だけでなく，金融商品の知識もセットで身に付くからです。

　なお，本書の刊行にあたり，中央経済社の坂部秀治氏には大変お世話になりました。この場を借りて感謝いたします。また，最近になって首が据わった長女の夕佳の夜泣きをあやしながら，本書の執筆時間の捻出に協力してくれた妻の郁子には，心から感謝したいと思います。

2017年12月

合同会社新宿経済研究所　代表社員社長

公認会計士　岡　本　　修

目　次

はじめに

第1章　金融商品会計のキホン

1　金融商品って何だ？/2

- ❶ 金融商品とは？/2
- ❷ 金融商品会計の対象/4
- ❸ 金融商品会計の全体像/6

2　会計の仕組みを復習しよう！/9

- ❶ 金融商品会計は「難しくない」！/9
- ❷ 複式簿記の考え方/10
- ❸ 純資産直入の考え方/12
- ❹ 包括利益とOCI/13

3　時価評価の仕組み/16

- ❶ 時価，簿価，実質価額/16
- ❷ 時価とは，日々変わる値段のこと/17
- ❸ 簿価とは「買った値段」に基づく金額/21
- ❹ 実質価額とは「回収できる額」/25
- ❺ 会計処理の方法と評価替え/26

コラム　金融商品会計は「サグラダ・ファミリア」/30

第2章 有価証券の区分と評価方法をつかむ

1 有価証券は「株式，債券，投資信託」/32

❶ 有価証券の会計の全体像/32

❷ 有価証券の範囲/33

❸ 株式とは？/35

❹ 債券とは？/36

❺ 投資信託とは？/38

❻ 有価証券の時価/40

2 有価証券の会計は区分に始まる/42

❶ 4つの保有目的区分/42

❷ 売買目的有価証券/43

❸ 満期保有目的の債券/45

❹ 子会社・関連会社株式/49

❺ その他有価証券/56

❻ 洗替法と切放法/58

❼ 有価証券の期末評価/59

3 有価証券のその他の論点/65

❶ 約定日基準と修正受渡日基準/65

❷ 減損処理とは？/69

❸ クロス取引/73

❹ 自己株式と自己社債/77

❺ 未収利息，未収配当金/79

目　次　3

コラム　有価証券の範囲/82

第3章　金銭債権と金銭債務の会計処理

1　金銭債権債務とは？/84

❶ 金銭債権債務の定義/84

❷ 会計上の金銭債権債務/85

❸ 金銭債権債務の種類/87

❹ 金銭債権債務の会計処理/92

❺ 経過利息の計上/94

2　貸倒れの会計/99

❶ 信用リスクと貸倒れとは？/99

❷ 貸倒見積高と貸倒引当金/101

❸ 一般債権の貸倒見積高/104

❹ 貸倒懸念債権の貸倒見積高/107

❺ 破産更生債権等の貸倒見積高/111

❻ 利息の不計上/111

3　金銭債権債務の消滅/113

❶ 金銭債権債務の消滅要件/113

❷ 手形の割引と裏書/115

❸ 金銭債権の購入と償却原価法/117

コラム　財務構成要素アプローチ/120

第4章　デリバティブとヘッジ会計の要点

1　デリバティブは難しくない！/122

① デリバティブとは何者か？/122

② デリバティブの意味と分類/123

③ 先物取引/125

④ スワップ取引/127

⑤ オプション/129

⑥ その他のデリバティブ/136

2　ヘッジ会計とは「意思表示」/139

① 会計上のデリバティブとは？/139

② ヘッジ取引とは？/142

③ ヘッジ会計とは「損益の計上時期をずらす処理」/144

④ ヘッジ会計には「意思表示」が必要/146

⑤ ヘッジ指定と有効性検証/153

⑥ ヘッジ会計の中止と終了/156

3　ヘッジ会計の「例外中の例外」/162

① 特例処理は「例外中の例外」/162

② 振当処理は為替リスクの例外処理/168

③ 予定取引のヘッジ会計/175

コラム　包括的長期為替予約/178

第5章　その他の金融商品アラカルト

1　複合金融商品の会計/180

- **1** 複合金融商品とその会計/180
- **2** 区分処理と一体処理/181
- **3** 複合金融商品の会計処理と設例/186

2　新株予約権/191

- **1** 払込資本を増加させる複合金融商品/191
- **2** 新株予約権の会計上の取扱い/192
- **3** 新株予約権付社債の会計処理/196

3　その他の金融商品/198

- **1** ファンド投資の会計/198
- **2** 商品ファンドの会計/200
- **3** 不動産の預託金の会計/201
- **4** ゴルフ会員権/204
- **5** 現金・預金/207

コラム　金融資産・負債の定義/210

第 **1** 章

金融商品会計の
キホン

1 金融商品って何だ？

> **ポイント**
> - 金融商品の定義はなく，具体例が列挙されている。
> - バランスシートと関連付けて全体像を理解すれば，金融商品会計は決して難しくない。

① 金融商品とは？

　これから本書で学習する「金融商品会計」は，金融商品を対象とする会計基準です。ということは，金融商品会計を理解するためには，まず，金融商品について理解しなければならない，ということです。

　ただ，この金融商品の範囲は，意外と単純です。金融商品会計が対象とするものは，文字どおり「**金融商品**」ですが，これは「**金融資産**」と「**金融負債**」に分かれます。そして，金融資産とは「**お金**」と「**将来，お金を受け取る権利**」，金融負債とは，「**将来，お金を支払う義務**」のことだと考えればわかりやすいでしょう。

```
金融商品とは？
              ┌ お金
      ┌ 金融資産 ┤
      │        └ 将来，お金を受け取る権利
      │
      └ 金融負債 ── 将来，お金を支払う義務
```

これを具体的にイメージしてみましょう。

たとえば，どんな企業でも，必ずお金（小口現金や銀行預金など）を持っています。これを持っていなければ，従業員に給料を払うことも，商品を仕入れてくることもできません。

このお金そのものは，金融資産です。

次に，企業が営業活動を行い，商品を売れば売掛金や受取手形などの金融資産が発生します。売掛金や受取手形は，将来お金を受け取る権利です。逆に，商品を仕入れれば買掛金や支払手形などの金融負債が発生します。買掛金や支払手形は，将来お金を支払う義務です。

また，投資活動により，子会社や合弁会社を設立すれば，子会社株式や関連会社株式などの金融資産が発生します。株式は将来，第三者に売却すればお金に換えることができるものです。

子会社や関連会社にお金を貸せば，貸付金などの金融資産が発生します。貸付金は将来，利息とともにお金が返ってくるものです。

さらに，財務活動により資金を調達する時には，銀行などの金融機関や市場からお金を借りれば，借入金や社債という金融負債が発生します。借入金や社債は将来，利息とともにお金を払う義務です。

以上のように，**金融商品とは，企業活動に伴って発生する「お金」，「お金を受け取る権利」，「お金を支払う義務」のことを総称した概念**であり，その意味で，金融商品は企業活動と「表裏一体の関係」にあるのです。

企業活動に金融商品はつきもの！	
営業活動を行うとき	●商品を売れば「売掛金」や「受取手形」 ●商品を仕入れれば「買掛金」や「支払手形」
投資活動を行うとき	●子会社を設立すれば「子会社株式」 ●合弁会社を設立すれば「関連会社株式」 ●子会社や関連会社にお金を貸せば「貸付金」
資金調達を行うとき	●銀行からお金を借りれば「借入金」 ●市場からお金を借りれば「社債」

　ただ，企業活動に関連する金融商品といっても，その種類はさまざまです。売掛金や買掛金のように，短期間で解消する権利や義務もあれば，有価証券や後述するデリバティブのように，保有しているだけで大きな時価変動リスクにさらされるものもあります。

　金融商品会計とは，企業が金融商品と関わる時に，それをどう会計処理するかという「ルールの体系」です。それらのルールは，金融商品の種類や性質，その金融商品を保有する目的などに従って決められています。

　ということは，金融商品について，バランスシートと関連付けながら学習し，どのような会計処理が行われるかについて，理由とともに理解すれば，金融商品会計は決して難しくないのです。

② 金融商品会計の対象

　先ほど，金融商品について，「金融商品とは金融資産と金融負債である」，「金融資産とは，お金と，将来お金を受け取る権利である」，「金融負債とは将来お金を支払う義務である」と理解すればわかりやすいと説

明しました。

　ただし，わが国の金融商品会計には，金融商品そのものに関する包括的な定義は設けられていません。その代わり，「金融資産，金融負債及びデリバティブ取引に係る契約を総称して金融商品ということにする」とされ，金融商品の範囲は「現金預金，金銭債権債務，有価証券，デリバティブ取引により生じる正味の債権債務等」であると，具体的に列挙されているのです。

金融商品会計の対象となる金融商品

金融商品会計には，金融商品そのものの包括的な定義は設けられていない。

金融商品会計には金融商品の定義が設けられていない代わり，金融商品会計の対象となる金融商品は「現金預金，金銭債権債務，有価証券，デリバティブ取引により生じる正味の債権債務等」と具体的に示されている。

　こうした考え方は，金融商品を理解するうえで非常に重要です。諸外国では，金融商品そのものについて何らかの定義を設けているケースも多いのですが，わが国はそのような考え方をとっていないからです。

　ここで，会計基準に従い，金融資産，金融負債の範囲を正確に示すと，次のとおりです。

金融資産の範囲

現金預金

金銭債権（受取手形，売掛金，貸付金等）

有価証券（株式その他の出資証券，公社債等）

デリバティブ取引^{（※）}により生じる正味の債権 …等

金融負債の範囲

金銭債務（支払手形，買掛金，借入金，社債等）

デリバティブ取引^{（※）}により生じる正味の債務 …等

※金融資産・負債の範囲に含まれる「デリバティブ取引」とは
先物・先渡取引，オプション取引，スワップ取引，およびこれらに類する取引

　一方，一般的には金融商品と考えられているようなものであっても，金融商品会計が適用されない場合があります。その具体的な例としては，退職給付債務や年金資産（退職給付会計の範囲）などがあります。

③ 金融商品会計の全体像

　以上を踏まえて，貸借対照表を眺めながら，金融商品会計の全体像をつかんでみましょう。金融商品会計と関連する項目は，右の図の色のついたものです（ただし，図は連結貸借対照表の例）。

　これを見ると，金融商品会計と関連する項目は，貸借対照表の多岐にわたっていることがよくわかるでしょう（ただし，これらのうち自己株式の場合は，金融商品会計以外にも「自己株式及び準備金の減少等に関する会計基準」などの基準を参照する必要があります）。

第1章　金融商品会計のキホン　　7

金融商品会計と関連する項目（連結貸借対照表の例）

資産の部		負債・純資産の部	
流動資産	現金及び預金	流動負債	支払手形及び買掛金
	受取手形及び売掛金		短期借入金
	▲貸倒引当金		未払法人税等
	有価証券		××引当金
	棚卸資産		その他
	その他	固定負債	社債
固定資産	有形固定資産		長期借入金
	建物及び構築物		リース債務
	▲減価償却累計額		退職給付に係る負債
	土地		資産除去債務
	リース資産		その他
	無形固定資産	純資産の部	株主資本の部
	のれん		資本金
	その他		資本剰余金
	投資その他の資産		利益剰余金
	投資有価証券		▲自己株式
	長期貸付金		その他の包括利益累計額
	▲貸倒引当金		その他有価証券評価差額金
	その他		繰延ヘッジ損益
繰延資産	創立費		土地再評価差額金
	開業費		為替換算調整勘定
	株式交付費		退職給付に係る調整累計額
	社債発行費		新株予約権
	開発費		非支配株主持分

　また，上図の項目について，本書での説明箇所や概要をまとめると，次の表のとおりです。

勘定科目	関連する論点		評価方法の概要
現金・預金	第5章	その他の論点	簿価評価
受取手形・売掛金	第3章	金銭債権債務	簿価評価，減損処理
有価証券，投資有価証券	第2章 第5章	有価証券 複合金融商品会計，ファンドの会計	時価評価・P／L処理 時価評価・OCI処理 簿価評価 減損処理
貸付金	第3章	金銭債権債務	簿価評価，減損処理
▲貸倒引当金	第3章	金銭債権債務	減損処理
買掛金・支払手形	第3章	金銭債権債務	簿価評価
借入金			
社債（自己社債）	第3章 第2章	金銭債権債務 有価証券	簿価評価 時価評価・OCI処理等
▲自己株式	第2章	有価証券	簿価評価
その他有価証券評価差額金	第2章	有価証券	―
繰延ヘッジ損益	第4章	デリバティブとヘッジ会計	―
新株予約権	第5章	その他の論点	簿価評価
（デリバティブ）	第4章	デリバティブとヘッジ会計	時価評価・P／L処理 時価評価・OCI処理 特例・振当処理
その他の資産・負債	第5章	その他の論点	―

2 会計の仕組みを復習しよう！

ポイント

●企業は複式簿記により貸借対照表（B／S）と損益計算書（P／L）を作る。

●P／Lだけで説明できない純資産の部の変動が純資産直入（OCI）。

❶ 金融商品会計は「難しくない」！

　金融商品会計は分量も多く，また，会計処理の中でも見慣れない規定が多く設けられているため，何となく「難しい」と感じてしまう人が多いかもしれません。筆者は長年，金融機関のコンサルティングに従事していますが，その金融機関の方でさえ，「金融商品会計は難しくてややこしい」とぼやくことがあります。

　では，なぜ多くの人が，「金融商品会計は難しい」と感じてしまうのでしょうか？

　その理由の1つは，意外と単純なところにあります。それは，「企業会計のそもそもの基本的な仕組み」が頭に入っていないままで，高度な論点について議論している場合が多いからです。その「基本的な仕組み」とは，「複式簿記」です。

　複式簿記の仕組みがわかっていないと，金融商品会計上の重要な概念である「P／L処理」と「OCI処理」の違いがわかりません。意外とこ

の仕組みを理解しないままで，金融商品会計を学習しようとしている人は多いのではないでしょうか？

このうち「OCI処理」については，退職給付会計や外貨建会計などでも関連してくる項目ですが，金融商品会計では特に頻繁に出てくる考え方です。

そこで，金融商品会計に入る前に，まずは企業会計の概要と「P／L処理」「OCI処理」の違いを理解しておきましょう。

② 複式簿記の考え方

「**複式簿記**」とは，すべての取引を借方（左側）と貸方（右側）に分け，1つの取引に2つ以上の勘定科目を適用する経理処理の方法です。

日々の取引を複式簿記で経理処理した結果，決算日時点での企業の「資産」「負債」「純資産」を一覧表で示したものが貸借対照表，1年間の「収益」と「費用」の差額から「当期純利益」を示したものが損益計算書です。

また，期初の貸借対照表から始めて1年間のすべての取引を集計したものを残高試算表と呼びますが，この残高試算表の左側の合計額と右側の合計額（つまり貸借）は一致します。

期初時点の貸借対照表に，1年間のすべての取引を集計したものを合算すれば，借方と貸方の金額は常に一致する（貸借一致の原則）。

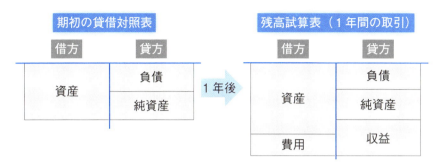

つまり，企業の1年間の収益と費用の差額（当期純利益）を計算すると，純資産の増減額は当期純利益の額と一致するはずです（ただし，ここでは配当等の社外流出については考慮しません）。

ある企業のある1年間の収益は200，費用は100，当期純利益は100だった。また，この企業は1年間で純資産が100だけ増加した。

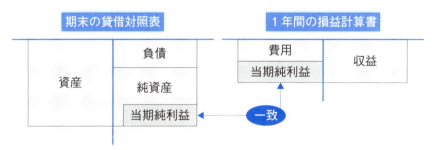

この設例において，1年度後に純資産が増加した金額は100であり，当期純利益の金額（200－100＝100）と一致している。

これが，企業会計の基本的な仕組みです。

❸ 純資産直入の考え方

　本書で説明する金融商品会計は,「時価があるものは期末時点の時価で評価しよう」とする基本的な考え方があります。これが,「**時価会計**」の考え方です。

　しかし,会計上時価評価をしたとしても,その時価は,あくまでも「評価額」,つまり「絵に描いた餅」にすぎません。たとえば,100円で買った株が,たまたま期末時点で200円に値上がりしていたとしても,次の年の期末で,また100円に戻ってしまうかもしれません。

　そこで,「貸借対照表上は200円の価値があることにするが,値上がりした分の100円は,損益計算書上の当期純利益には計上しない」という考え方をとることがあります。これを「**純資産直入**」と呼びます。

> たとえば,ある企業が保有する資産の時価が上昇し,評価差額がプラス100だったとする。この100の金額は収益・費用の額には含められず,「純資産の部を直接」増減させる。これを本書では「純資産直入処理」(または後述のとおり「OCI処理」) と称する。

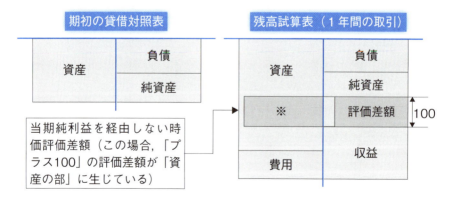

　ここで,先ほどの「貸借一致の原則」を思い出しましょう。

　持っている株の値段が値上がりしていた場合,貸借対照表上は資産の

金額（借方）が増えますが，「その値上がりした100円を損益計算書の当期純利益には計上しない」という考え方をとる以上，収益（貸方）を増やすわけにはいきません。そこで，貸借を一致させるために，この金額を，直接「純資産の部」に計上するのです。

このように，「**純資産**の部を<u>直接</u>，増減させる」会計処理を，「**純資産直入**」と呼びます。

この「純資産直入」処理が行われると，「純資産の増減額」が，当期純利益の額と一致しなくなります。

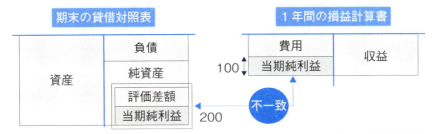

この「純資産直入」の会計処理が最も頻繁に行われる企業会計の分野こそが，金融商品会計なのです。

❹ 包括利益とOCI

ところで，純資産直入処理のうち，特に「純資産の部の1年間の増減が当期純利益と一致しない問題」については批判もありました。

そこで,「当期純利益」の考え方は変えずに,新しい利益の概念が誕生しました。これが「**包括利益**」です。

「包括利益」(Comprehensive Income) とは:
ある企業の特定期間の財務諸表において認識された純資産の変動額のうち,当該企業の純資産に対する持分所有者との直接的な取引によらない部分

包括利益とは,当期純利益と,当期純利益以外の項目(純資産直入処理された部分)から構成される利益概念です。このうちの「当期に純資産直入処理された部分」のことを,「その他の包括利益」(Other Comprehensive Income),または英語の頭文字をとって「**OCI**」と呼びます。

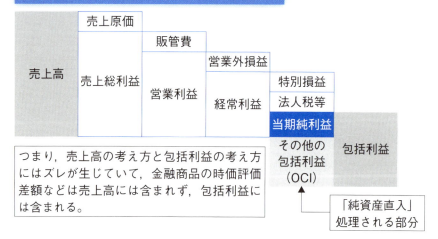

「包括利益」とは,あくまでも「当期純利益」で説明しきれない純資

産の変動要因を「利益」という概念で説明するために導入されたものだと考えるべきでしょう。

　本書では，純資産の部を変動させる要因のうち，**「当期純利益に計上されること」**を**「P／L処理」**，**「純資産直入されること」**（つまり**「当期純利益に計上されないこと」**）を**「OCI処理」**と呼ぶことにしたいと思います。

P／L処理とは？	時価評価した差額を損益計算書（P／L）末尾の「当期純利益」に含める（つまり「儲かった」「損をした」と考える）会計処理方法
OCI処理とは？	時価評価した差額を損益計算書（P／L）末尾の「当期純利益」に含めない会計処理方法で，「純資産直入」と呼ぶこともある。

　なお，現在のところ，包括利益の開示が行われるのは，原則として連結財務諸表に限定されており，個別財務諸表では包括利益の開示は行われていませんが，本書では個別，連結の区別を行わず，「純資産直入」の意味で「OCI処理」と呼ぶことにしたいと思います。

3 時価評価の仕組み

> **ポイント**
> - 貸借対照表価額は「時価，簿価，実質価額」の３点セット。
> - 評価替えをした差額はＰ／Ｌ処理かOCI処理の対象となる。

❶ 時価，簿価，実質価額

　企業は毎期末に，保有する資産や負債を一覧にした「貸借対照表」を作らなければなりません。その際，個別の金融資産（有価証券や売掛金など）や金融負債（借入金や買掛金など）に対し，貸借対照表に載せるための金額を決める必要があります。

　この作業のことを「**金融商品の評価**」と呼び，また，その金額のことを「**貸借対照表価額**」と呼びます。

　金融商品の評価方法としては，大きく分けて，

① **時価**

② **簿価**

③ **実質価額**

という考え方があります。

　金融資産にたとえてみれば，時価とは「いますぐ売れば，いくらで売れるか」，簿価とは「買った時の値段をもとに計算した金額」，実質価額とは「正味回収できると見積もった金額」のことです。

この「時価」,「簿価」,「実質価額」という考え方については,金融商品会計における「3点セット」として覚えておきましょう。

❷ 時価とは,日々変わる値段のこと

(1) 市場価格とは

　金融商品会計の大きな特徴の1つは「時価会計」にあります。**時価とは,いわば,日々刻々と変わる値段のこと**です。

　たとえば,ある金融商品を多くの参加者が売買できる市場において,「売りたい人（売り手）」と「買いたい人（買い手）」との間で,日々,取引が成立しているとします。この時,売り手はできるだけ高い値段で売りたいと思うでしょうし,買い手はできるだけ安い値段で買いたいと思うはずです。

　取引は,ある瞬間,売り手の中で一番安い値段を提示した人と,買い手の中で一番高い値段を提示した人との間で成立します。これが「**市場価格**」です。

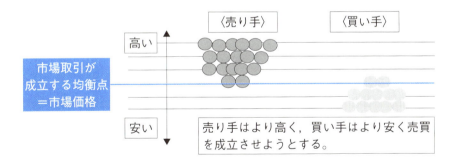

　また,市場取引が成立していない場合に,「売り手が提示している値段のうち最安値」を「売り気配」,「買い手が提示している値段のうち最高値」を「買い気配」,両者の中間を「仲値(なかね)」と呼ぶことがあります。

ところで，金融市場では，何らかの都合で，売り手と買い手のバランス（つまり需給バランス）が崩れることがあります。たとえば，2008年の金融危機（いわゆるリーマン・ショック）のときのように，売り手がたくさんいるのに，買い手がほとんどいなくなるような事態も発生します。

売り手・買い手のいずれか（または双方）の数が少なく，仲値とかけ離れた価格でしか売買が成立しない状態（※図は「売り手」に対して「買い手」が極端に少ない状態）

また，もともと市場参加者が少なくて，取引が活発ではない場合にも，市場価格が仲値から大きく離れた場所で決まることがあります。このような場合，いいかげんな金額が会計上の時価として決まってしまいかねません。

そこで，「**会計上の時価**」とは，具体的には，
- 公正な評価額であること
- 取引を実行するうえで必要な知識をきちんと持っている人が，主体

的に取引を行う場合に成立する値段であること

●不利な条件で無理やり成立するような価格ではないこと

が必要となっています。

会計上の時価の留意点（例）

① 時価とは「公正な評価額」である

② 時価とは，取引を実行するために必要な知識をもつ自発的な独立第三者の当事者が取引を行うと想定した場合の取引価額である

③ 不利な条件で引き受けざるを得ない取引または他から強制された取引による価格は時価ではない

―― 企業会計基準委員会・実務対応報告第25号『金融資産の時価の算定に関する実務上の取扱い』より

つまり，会計上の時価とは，**市場参加者がきちんとした知識を持っていて，自分の意思で売買していると仮定した場合の取引価格のこと**なのです。市場で成立している時価が，自動的に会計上の時価になるわけではありません。

（2）合理的に算定された価額とは

次に，市場価格が信頼できない場合や，市場価格そのものが存在しない場合であっても，自分自身で「これが時価として適正な価格だ」と見積もることができる場合があります。これが，「**合理的に算定された価額**」です。

これは，似たような条件の金融資産の市場価格をもとに，自分自身で理論的に計算した金額のことです。具体的には「①類似価格比準方式」（条件が類似する銘柄の市場価格などを参考にして時価を計算する方法），「②割引キャッシュ・フローによる現在価値」（将来キャッシュ・フローを現在価値に引き直して時価とみなす方法），「③モデル計算方式」（理

論的なモデルをもとに計算する方式）があります。

　ただ，現実的に自分自身で時価を算定するのが難しい場合もあります。その場合は，「④ブローカー（業者）が計算した金額」や，「⑤情報ベンダー（投資情報を提供する業者）から得た金額」を，「合理的に算定された価額」として利用することもできます。

　以上，会計上の時価の種類についてまとめておきましょう。

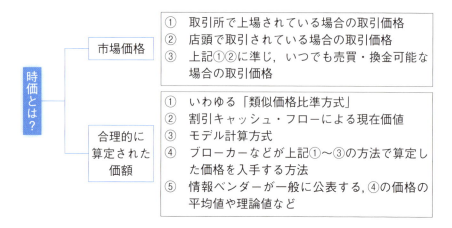

　なお，筆者の経験上，「合理的に算定された価額」を時価として使う必要がある場合，上図の①〜③の方法を使って自社内で計算するというケースは多くありません。多くの場合は④か⑤の方法（つまり，専門の業者が算定した時価）を使っているようです。

❸ 簿価とは「買った値段」に基づく金額

金融商品会計のなかで，時価との関係で重要な考え方は，「**簿価**」の概念です。これは，いわば「買った時の値段」をもとにした金額であり，厳密には

① **取得価額**

② **取得原価**

③ **償却原価**

④ **帳簿価額**

の4つの概念に分かれます。

（1）取得価額

まず，「取得価額」とは，金融資産を購入した時の対価に，**手数料などの付随費用を足した金額**です。

「付随費用」には，たとえば，証券会社で株式を買った時の売買手数料などが含まれます。この「付随費用」を加えるのは，取得原価を計算する時だけで，時価評価する時には付随費用については考慮しないこととされています。なお，売却時の手数料は，売買損益に含めて処理されることが多いようです。

（2）取得原価

次に，「取得原価」は，「取得価額」とは紛らわしい用語ですが，**同じ銘柄の有価証券を部分的に売却した場合の残りの部分**に関する概念です。

この「取得原価」の計算方法としては，「個別法」，「先入先出法」，「移動平均法」がありますが，多くの場合，「**先入先出法**」か「**移動平均法**」が適用されます。

たとえば，ある会社（A社）の株式を売ったり買ったりした場合の設例を考えてみましょう（ここでは付随費用は考えません）。

> 1月1日　この時点で，まだA社株式を保有していない。
> 1月15日　A社株式を100株購入した。この時点でA社株式は1株150円だった（取得価額は100株×150円＝15,000円）。
> 2月15日　A社株式を150株購入した。この時点でA社株式は1株100円だった（取得価額は150株×100円＝15,000円）。この時点でA社株式を250株所有している。
> 3月15日　A社株式を100株売却した。
> 3月31日　A社株式を150株所有している。

　この設例では，1月15日にA社株式を単価150円で100株購入し，2月15日に今度は単価100円で150株購入しています。この時点でのA社株の取得価額の単純合計は30,000円です（100株×150円＋150株×100円＝30,000円）。

　その後，3月15日にA社株を100株売却しました。

　このとき，売却益（＝収入－原価）を計算する必要がありますが，このように，ある時点のA社株式はいくらだったのか，というのが「取得原価」の考え方です。「先入先出法」も「移動平均法」も，取得原価を算出するための方法です。ご存じの方は，棚卸資産の評価方法を思い出してください。基本的にはそれと同じです。

　「先入先出法」とは，「**途中で売却した場合，売却した株式は最初に買ったほうから払い出す**」という考え方です。この場合，払い出した部分（つまり売却原価）は，最初に買った100株（単価150円）の部分であり，**売却原価は15,000円**だと考えます。

　一方，「移動平均法」とは，「**新たに買ったらその都度，簿価（取得原価）は平均される**」という考え方です。この場合，1月15日にA社株を100株買った時点では1株当たり150円ですが，2月15日にA社株150株

を100円で追加購入した際に，その時点で1株当たりの簿価も平均されて120円になります。

【（100株×150円＋150株×100円）÷250株＝120円】

　こうして，払い出した100株の簿価，つまり**売却原価は12,000円**（＝100株×120円）と考えます。

	先入先出法の考え方		移動平均法の考え方		
1月15日時点	100株	単価150円	100株	単価150円	
2月15日時点	100株	単価150円	250株	単価120円	
	150株	単価100円			
3月15日時点	100株	単価150円	100株	単価120円	⇒売却
	150株	単価100円	150株	単価120円	

　3月31日時点でのA社株式の「取得原価」は，「先入先出法」の場合は，2月15日の追加購入分がそのまま残っていますので，15,000円（＝150株×100円）となります。「移動平均法」の場合は，上記で計算した平均単価を使って18,000円（＝150株×120円）と計算されます。

（3）償却原価

　ここまで説明した簿価と異なり，「償却原価」は少し理解のハードルが高いかもしれません。

　「償却原価」とは，簿価のうち，**「取得価額や取得原価に金利調整を加えた金額」**のことです。

　国債や企業の社債など，市場で流通する債権は，市場の実勢金利にあ

わせるために，額面と違う金額で売買される場合があります。このような場合に，その実勢金利にあわせた部分を簿価で調整するのが，償却原価法の考え方です。

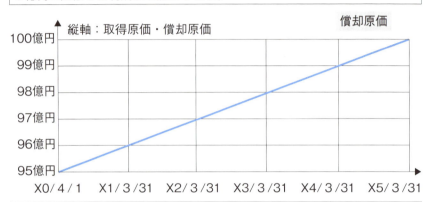

　図表の設例だと，債券が償還されて償還金が入金されるのは5年後です。現時点で購入した金額（95億円）と償還元本（100億円）の差額である5億円は，この5年分の金利に相当します。つまり，償還までの各期に利息として計上すべき性質の項目です。

　そこで，入金のキャッシュ・フローと無関係に，差額を毎年の「利息の調整項目」として計上するわけです。具体的には，差額5億円を，毎年均等に1億円ずつ「受取利息」として計上し，債券の取得原価に加算していきます。このような会計処理を「（定額法による）償却原価法」と呼び，図表の直線をその時点の「償却原価」と呼びます。

　なお，償却原価法は本来，「定額法」ではなく，「利息法」と呼ばれる方法が原則的な処理とされています。ただし，この「利息法」について

は，実務上の重要性はないため，本書では割愛します。

（4）帳簿価額

最後に，「帳簿価額」とは，こうして求められた「取得原価・取得価額」や「償却原価」から「評価性引当金」を差し引いた金額であるとされています。「評価性引当金」とは，第3章で説明する「貸倒引当金」のように，将来回収できない可能性がある部分を控除する項目のことです。

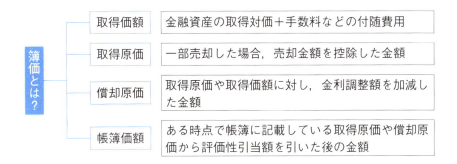

❹ 実質価額とは「回収できる額」

会計上の評価額には，もう1つ，**実質価額**という概念があります。これは，いわば**回収できる金額**のことです。

たとえば，未上場株の場合は，一般に時価が存在しないため，買った時の値段をベースにした金額（つまり簿価）により評価することになります。しかし，株式購入後にその会社の経営状態が悪化し，その株式の価値が大きく下がってしまった場合に，簿価で評価し続けるのは望ましくありません。

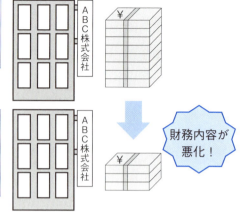

したがって、このような場合には、その経営悪化した会社の株式の簿価を、「実質価額」まで減額する必要があるわけです。

ここで、「実質価額」を厳密に分類すれば、株式の場合は「1株当たり純資産額」、金銭債権や債券などの場合は、簿価から、回収できそうもない金額である「貸倒見積額」を控除した「回収可能額」として定義されます。

❺ 会計処理の方法と評価替え

以上、金融商品会計の評価額には、「時価」「簿価」「実質価額」という、大きく分けて3つの考え方があることがわかりました。

では、実際にどのように会計処理すればよいのかを考えてみましょう。たとえば、簿価が100円の株式があったとして、期末の時価が110円に上

第1章　金融商品会計のキホン　　27

昇していた場合（または90円に下落していた場合），どうすればよいで
しょうか？

　100円という簿価を帳簿上，保持したままで，貸借対照表に計上する
金額（つまり「貸借対照表価額」）を110円（または90円）に変更すると
いう考え方が，「時価評価」です。
　ただし，会計処理としては，2つの考え方があります。

　先ほど「純資産直入の考え方」（12ページ参照）を紹介しました。こ
の考え方では，時価が110円（または90円）で，簿価と比べて10円高い
（安い）という状況だったとしても，差額の10円を「儲かった（または
損をした）」という扱いにせず，純資産直入処理します（つまり，P／L
に計上しません）。これを「**時価評価・OCI処理**」と呼ぶことにします。
　OCI処理（純資産直入処理）とは，時価評価の差額を「損益として実
現した」とはみなさない会計処理です。

　これに対し，差額の10円を「儲かった（または損をした）」という扱
いにすることを，「**時価評価・P／L処理**」と呼びます。
　この会計処理は，時価評価の対象となる金融商品（たとえば有価証
券）を売却していなくても「損益が実現した」とみなす会計処理です。
具体的には，後述する売買目的有価証券（43ページ〜）やヘッジ会計が
適用されないデリバティブ（140ページ）などが，この会計処理の対象
となります。

　一方，金融商品を時価評価せず，簿価（取得原価や償却原価など）に
より評価する方法を「**簿価評価**」と呼びます。
　さらに，実質価額が下落している時に，簿価を実質価額にまで切り下

げ，その差額をP／L処理する会計処理を，一般に「**減損処理**」と呼びます（固定資産の減損会計と，基本的に同じ考え方です）。

以上，重要な概念をまとめておきましょう。

時価評価・P／L処理	金融商品を時価評価し，その差額を当期の損益（つまりP／L項目）として処理する会計処理方法
時価評価・OCI処理	金融商品を時価評価し，その差額を純資産直入項目（またはOCI）として処理する会計処理方法
簿価評価	金融商品を時価評価せず，簿価（取得原価や償却原価）によって評価する会計処理方法
減損処理	金融商品の実質価額や時価が大きく下落した時に，簿価をその金額にまで引き下げ，差額を当期の損失とする会計処理

　なお，時価評価・OCI処理の対象となる場合，時価による評価替えをするのは決算日の時点だけです。この場合は，決算日だけ時価評価を行い，翌期首には簿価に戻し入れる会計処理（いわゆる戻入処理）が一般的です。これを「洗替処理」（あるいは「**洗替法**」）と呼びます。これに対し，簿価自体を変更してしまう会計処理のことを，「切放処理」（あるいは「**切放法**」）と呼びます。

時価評価の2つの処理方法

洗替処理	決算時点だけ時価で評価し，翌期首に元の簿価に戻す会計処理。また，元に戻すことを「戻入（もどしいれ）処理」と呼ぶ。時価評価・OCI処理に適した方法
切放処理	簿価自体を変更し，元の簿価には戻さない会計処理。一般に時価評価・P／L処理や減損処理の会計処理に適した方法

　このうち，「洗替処理」に適するものとは，簿価を変更せずに期末時

点だけ時価で評価するような会計処理（つまり時価評価・OCI処理の対象となる金融商品）であり，具体的には56ページ以降で説明する，その他有価証券の会計処理がその典型です。

一方で「切放処理」に適するものとは，簿価自体を変更してしまうような局面であり，具体的には時価評価の対象となる金融商品（43ページ以降で説明する売買目的有価証券や140ページで説明するヘッジ会計が適用されないデリバティブ），さらには69ページ以降で説明する減損処理がその典型です。

これらの考え方については，有価証券の会計処理などで再び詳しく触れることにしましょう。

金融商品会計は「サグラダ・ファミリア」

　日本で企業会計基準を策定しているのは企業会計基準委員会（ASBJ）ですが，実は，「金融商品会計」は，単一の会計基準ではありません。歴史的な経緯もあり，日本公認会計士協会（JICPA）が公表する実務指針，金融庁が公表する金融機関の自己査定に関するマニュアル，あるいは法人税法や国税庁が公表する通達などが，事実上，金融商品会計を形作っています。

　まず，ASBJからは，「金融商品に関する会計基準」に加え，金融商品会計の個別分野に関する適用指針・実務対応報告なども多く公表されています。次に，JICPAからは，非常にボリュームの多い「金融商品会計に関する実務指針」に加え，そのQ＆Aや，銀行業や保険業に関する「業種別委員会報告」なども公表されています。さらに，金融機関を監督する官庁である金融庁からは，資産査定に関するルールをまとめた「金融検査マニュアル」，「監督指針」が，金融商品会計の一分野を構成しています。

　あるいは，金融庁が公表するルールの中には，金融商品会計そのものではないものの，自己資本比率に関する算定や開示に関する内閣府令・金融庁告示などの金融規制は，金融商品会計とは密接な関係にあります。

　こうした状況は，わが国だけではありません。国際的な会計基準を設定する主体である国際会計基準審議会（IASB）が金融商品会計に関する会計基準である「IFRS第9号」を公表しているものの，国際的な金融規制当局の協議体であるバーゼル銀行監督委員会（BCBS）が公表するルールとさまざまな分野において不整合が生じており，これらの動向にはまだまだ注視が必要です。

第**2**章

有価証券の区分と
評価方法をつかむ

1 有価証券は
「株式，債券，投資信託」

> **ポイント**
> ● 会計上の有価証券には，株式，債券，投資信託の３種類がある。
> ● それぞれの有価証券に応じて，会計上の時価は異なる。

❶ 有価証券の会計の全体像

　金融商品会計の中でも，複雑で難しいと感じる人がとくに多い分野が，有価証券の会計処理です。しかし，会計処理の場面を流れとして捉え，論点を１つずつ理解すれば，決して難しくありません。

　おおまかにいえば，有価証券の会計処理には５つの場面があります。
　まず，①**有価証券を取得した場合**の会計処理です。有価証券を「いつ取得したか」という論点があります（「約定日基準」と「受渡基準」）。また，この時点で有価証券の保有目的区分を決めなければなりませんが，これが「保有目的区分」の論点です。
　次に，②**期末時点での時価評価**という論点があります。この部分が，有価証券の会計の中で最も大きな比重を占めますが，ここでも「保有目的区分」の論点が重要です。
　これに関連し，次の③**翌期首時点の会計処理**でも，保有目的区分の議論が関わってきます。というのも，保有目的区分に応じて，「前期末の簿価を修正しない方法」（洗替法）か，「前期末の簿価を修正する方法」

（切放法）のいずれかを選択する必要があるからです。

　そして，④**期中の会計処理**では，有価証券の価値が大きく下落した場合の「減損処理」の論点が大きな問題となります。

　最後に，⑤**有価証券の消滅時**には，どのタイミングでどのような会計処理を行うかが重要であり，ここで再び「約定日基準と受渡基準」の論点が出てきます。

①有価証券取得時	約定日基準か修正受渡日基準により有価証券を認識し，保有目的区分を決定する
②期末時点の処理	保有目的区分に応じて期末評価する
③期首時点の処理	洗替法か切放法を適用する
④期中の会計処理	減損の要否を判定し，必要に応じて減損処理する
⑤有価証券消滅時	約定日基準か修正受渡日基準により売却損益等を計上

　本章では，この複雑な有価証券の会計を大きく，「会計上の有価証券」，「保有目的区分」，「減損処理」という，３つの論点から説明してみたいと思います。

❷　有価証券の範囲

　一般に**有価証券とは，何らかの財産的な権利**を示す証券のことです。有価証券には，権利を行使するためにはその証券そのものが必要となる，という性格があり，具体的には，手形，小切手，商品券などがこれに該当します。

　たとえば，手形や小切手などの決済手段は，多額のお金の決済を安全かつ確実にするための手段として発展してきました。

有価証券とは？	何らかの財産的な権利を示す証券。その権利を行使するためには、その証券そのものが必要になる
有価証券の具体例	手形，小切手，商品券，船荷証券，倉庫証券，株券，国債証券，地方債証券，社債証券，投資信託受益証券
手形，小切手の例	多額のお金を持ち運ぶのは重くて不便だし，紛失したり盗まれたりする危険もあるが，これを有価証券化すれば，持ち運びに便利で安全性も高まる

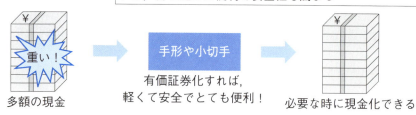

つまり，有価証券は印刷されているだけの紙片であり，持ち運びにも便利であるほか，「この証券を所持している人が正当な権利人である」という証明にもなり，非常に便利なものです。

ただ，「**会計上の有価証券**」の範囲は，もう少し限定されています。実務上は，特に**株式，債券，投資信託**の3種類が重要です。

なお，現代社会では技術の進化により，「わざわざ紙に権利を印刷して流通させる」ということは次第に行われなくなってきています。現在の会社法の規定では，株式会社は必ずしも株券を発行する必要はないとされていますし（いわゆる株券不発行），私たち個人が株式や債券などの有価証券を買った場合は，証券会社などが「保護預かり」をしてくれることが一般的です。さらに，機関投資家同士が市場で有価証券を売買する時にも，通常は，日銀ネットなどの電子的な決済基盤で有価証券とお金のやり取りがなされます。ただし，電子的に取引される場合でも，これらの金融商品は会計上も有価証券として取り扱われます。

❸ 株式とは？

株式とは，株式会社の出資の仕組みで，**投資家からお金を集めるときに発行されるもの**です。

会社からすれば，株式を発行して得たお金は，基本的に株主に返す必要がありません。その意味で，いわば，安定した資金調達源です。

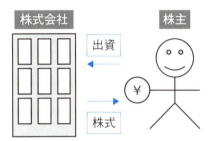

一方，株主からすれば，①毎年1回以上開かれる「株主総会」を通じてその会社の経営に参加できる，②会社が儲かれば配当金を受け取ることができる，③買った株式が値上がりすれば転売して儲けることができる，というメリットがあります。

株主のメリット

① 株主総会（毎年1回以上開かれる，株式会社の最高意思決定機関）を通じて，間接的に経営に参加することができる

② 会社が儲かれば，分配可能額の範囲内で配当金を受け取ることができる場合もある（※ただし，必ずもらえるとは限らない）

③ 株式が買った時よりも値上がりしているときに転売すれば儲かる（※ただし，必ず値上がりするとは限らない）

ただし，株式にはリスクもあります。たとえば，会社が倒産するなど

すれば，最悪の場合，価値はゼロになってしまいますし，投資先の会社が儲からなければ，配当金を受け取ることもできないかもしれません。

また，メリットのうち，「買った時より値上がりすれば儲かる（かもしれない）」という部分は，その株式が**上場株式**である場合に限られます。

上場株式とは，**証券取引所に株式を上場している会社の株式**のことです。基本的に市場で取引されているため，証券会社などを通じて，市場価格で自由に売買できます。

これに対して**非上場株式**とは，証券取引所に株式を上場していない株式のことであり，市場価格もなく，自由に売買することが難しいのが実情です。

このため，株式の場合，時価評価の対象となるものは，上場株式に限られます。

株式の種類	売買の自由度	会計上の時価
上場株式	取引所や証券会社等を通じて自由に売買できる	取引所による取引価格を会計上の時価とみなす
非上場株式	基本的に市場を通じた取引は事実上困難	「時価」は存在せず，会計上も時価評価の対象とならない

❹ 債券とは？

債券とは，国や地方公共団体，会社などの「発行体」が資金調達のために，主に金融市場で発行する有価証券です。

ただし，債券は株式と違って，**基本的に利子（クーポン）と満期日が決められており，発行体は，満期が到来したら，債券の額面金額を投資家に返済しなければなりません**（これを「償還」と呼びます）。

一般に債券は，株式と比べると額面が大きく，わが国の場合，債券投資残高は個人・小口の投資家よりも，銀行などの金融機関をはじめとする大口の機関投資家のほうがはるかに多額であるという特徴があります。また，証券取引所に上場されている債券はそれほど多くなく，大部分の債券は証券会社などの店頭市場で取引されています。

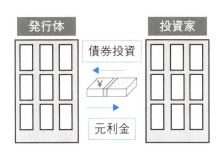

発行体にとって，債券はあらかじめ決められた利息と元本を支払う必要があるため，銀行などからの借入金と同じく「有利子負債」です。企業が社債を発行した場合には，その会計処理は第3章で触れる金銭債務の会計処理に従います。

一方，投資家にとって，債券は単に発行体にお金を貸しているというだけでなく，金融市場（店頭を含む）を通じて自由に売買することができるというメリットがあります。また，一般にはあまり知られていませんが，債券市場でも債券価格は日々変動しています。そして，債券価格は「利回り」で表示されており，市場利回りは経済成長率やインフレ率などの経済指標にも大きな影響を受けています。

また，株式と異なり，債券は理論的な時価を計算することができます。このため，市場価格がない場合であっても，会計上は原則として「合理的に算定された価額」を時価とする必要があります。

債券の種類	売買の自由度	会計上の時価
上場債券	取引所や証券会社等を通じて自由に売買できる（ただし，実際にはほとんど存在しない）	取引所による取引価格を会計上の時価とみなす
非上場債券	多くの場合，非上場であっても，特に適格機関投資家の間で自由に売買されている	売買参考統計値，比準方式，ブローカー価格などを参考にする

❺ 投資信託とは？

　投資信託とは，大勢の投資家がお金を出し合い，そのお金を運用のプロフェッショナル（ファンド・マネージャー）に預けて，株式や債券などで運用する投資の仕組みです。広い意味では198ページで説明する「ファンド」の一形態です。

　一般に，個人投資家はそれほど多くのお金を持っていませんし，運用の知識も豊富ではありません。しかし，個人の小口のお金も集めれば巨額になります。そこで，運用のプロフェッショナルが大口の投資資金を活用し，個人の資金力や投資知識ではできないような投資戦略を実現しようとする仕組みが，この投資信託なのです。

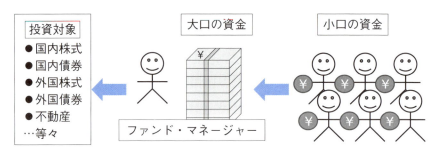

小口の個人投資家の資金力・体力では投資できないような種類の資産（アセット・クラス）であっても，投資信託であれば大口資金や専門的技能により複雑な投資や分散投資などの投資戦略が可能になる。

投資信託を分類すれば，大きく分けて「上場投資信託（ETF）」，「公募投資信託」，「私募投資信託」の3種類があります。

このうち，上場投資信託（Exchange Trade Fund, ETF）の場合は，取引所で上場され，日々取引されているため，市場価格が成立しています。

これに対し，非上場の投資信託であっても，公募投資信託の場合は，一般の個人投資家などが投資できる仕組みのものが多く，投資対象の資産も株式や債券，外貨建有価証券などの金融商品であることが一般的です。

また，非上場の投資信託のうち，私募投資信託は，プロフェッショナルの機関投資家が投資する場合があり，投資対象の中身は複雑であることが多いという特徴があります。

投資信託は，株式の場合と異なり，上場されていない場合であっても，組み入れられた資産の種類に応じて，理論的な時価を計算することができます。このため，市場価格がある場合には，その価格を時価としなければならないほか，市場価格がない場合であっても，会計上は原則として「合理的に算定された価額」を時価とする必要があります。

投信の種類	金融商品の特徴	会計上の時価
上場投資信託 （ETF）	取引所や証券会社等を通じて自由に売買できる	取引所による取引価格を会計上の時価とみなす
非上場 投資信託	投資信託そのものは上場されていなくても，投資信託の投資対象資産に時価が存在する場合，容易に売買できる	公募投資信託，私募投資信託ともに，裏付資産の時価をベースに合理的に算定された価額を時価として算定する

⑥ 有価証券の時価

　以上，会計上の有価証券として，代表的なものは，株式，債券，投資信託の3種類があるということを確認しました。

　ところで，20ページでも紹介したとおり，会計上の時価評価額には「**市場価格に基づく価額**」と「**合理的に算定された価額**」の2種類が存在します。

　実は，3種類の有価証券それぞれについて，この2種類の時価のあり方が異なっています。

　そこで，3種類の有価証券に対応する2種類の時価に関する考え方を，ここでまとめておきましょう。

有価証券の種類		市場価格	合理的に算定された価額
株式	上場株式	取引所の終値，気配値，ブローカーの売買価格，店頭気配値など	―
	非上場株式	―	―
債券	上場債券	取引所の終値，気配値，ブローカーの売買価格，店頭気配値など	―
	非上場債券	売買参考統計値，ブローカーの売買価格，店頭気配値など	比準方式で自ら計算した金額のほか，ブローカーや情報ベンダーなどから入手する金額
投信	ETF	取引所の終値，気配値，ブローカーの売買価格，店頭気配値など	―
	非上場投資信託	―	投信会社が公表する基準価格　等

　基本的に，株式に関しては，時価とは上場されている株式の取引所価格（つまり市場価格）であり，合理的に算定された価額は存在しません。

　しかし，債券や投資信託については，市場価格だけでなく，合理的に算定された価額を時価とする，という考え方が成り立ちます。特に，上場されていない債券や投資信託であっても，原則として時価を合理的に算定し，時価評価しなければならない点には注意が必要でしょう。

2 有価証券の会計は 区分に始まる

> **ポイント**
> - 保有目的区分は，売買，満期，子・関連，その他の4つ。
> - 保有目的区分を決めなければ自動的に「その他有価証券」となる。

① 4つの保有目的区分

　金融商品会計の考え方では，有価証券は原則として時価評価することとされていますが，細かく見ると，会計処理の方法は，保有目的区分に応じて異なります。

　そもそも，この保有目的区分は，有価証券を取得したときに，その保有者が決めるものです。大きく分けて次の4つがあります。

保有目的区分	会計処理の概要
売買目的有価証券	時価評価・P／L処理
満期保有目的の債券	償却原価評価
子会社・関連会社株式	単体決算上は取得原価評価
その他有価証券	時価評価・OCI処理

　それでは，どうして金融商品会計には，保有目的区分という考え方があるのでしょうか？

　これは，企業が有価証券を購入する目的とその会計処理を，ある程度，整合させようとするためです。たとえば，ある企業は，短期的な価格変

動を収益の機会と捉え，「値段が下がれば買い，上がれば売る」という積極的なトレーディングを行っているかもしれません。逆に，ある企業は，「子会社や関連会社として企業集団を形成する」という目的があるかもしれません。

こうした「有価証券への投資スタンス」は，企業によりさまざまでしょう。しかし，それぞれの企業がてんでバラバラな基準で決算書を作ると，それを読むほうとしては，混乱してしまいます。

そこで，日本の企業会計基準上は，こうした「投資スタンスの違い」を反映させる形で，決算書を作ることを認めています。これが，保有目的区分の考え方の基本です。

❷ 売買目的有価証券

売買目的有価証券は，**「時価の変動により利益を得ることを目的として保有する有価証券」**です。毎期末，時価評価・P／L処理の対象となります（その際，原則として「切放法」，つまり簿価そのものを時価に書き換える方法で評価替えが行われます）。

つまり，**有価証券を保有しているだけで，毎期，時価変動が企業業績に影響を与える**のです。

売買目的有価証券 ➡ 時価評価・P／L処理

この売買目的有価証券を，俗に「トレーディング目的の有価証券」と呼ぶこともあります。

ところで，ある有価証券を売買目的有価証券として保有するためには，原則として，会社の定款上，「有価証券の売買」を業としていることが

明らかであることに加え，トレーディング業務を日常的に遂行する独立の専門部署が設置されていることが望ましいとされます。これが，いわゆる「形式要件」です。

売買目的有価証券の定義と特徴

| 定義 | 「時価の変動により利益を得ることを目的として保有する有価証券」 |

| 特徴 | 通常，同一銘柄に対して相当程度の反復的な購入と売却が行われる |

売買目的有価証券の「形式要件」

売買目的有価証券を保有するためには，次の2つの「形式要件」が必要

① その会社が「有価証券の売買を業としていること」が，定款のうえからも明らかになっていること

② トレーディング業務を日常的に遂行しうる人材から構成された独立の専門部署によって有価証券が保管・運用されていること

この売買目的有価証券の典型的な事例は，金融機関のトレーディング勘定（いわゆる特定取引勘定）に属する有価証券や，「運用を目的とする金銭の信託」に含まれる有価証券などがあります（金銭の信託について，詳しくは201ページの「ファンド投資の会計」をご参照ください）。

しかし，定款での記載や明らかな独立部署がない場合でも，有価証券の売買を頻繁に繰り返している場合には，売買目的有価証券に該当する場合もあるため，注意が必要です。

というのも，売買目的有価証券は，「通常は同一銘柄に対して相当程度の反復的な購入と売却が行われる」という特徴があるからです。つまり，「形式要件」を満たしていなくても，売買の実態に照らして，「相当程度の反復的な購入と売却」という状況証拠があれば，売買目的有価証券だと認定されてしまうことがあるのです。

第2章　有価証券の区分と評価方法をつかむ　　45

売買目的有価証券と認定されてしまう場合の例

- 定款上の記載や明確な独立部署を持たなくても，有価証券の売買を頻繁に繰り返している場合，当該有価証券は売買目的有価証券に該当する
- その具体例としては，「売却益を目的とする大量の取引を行っている客観的証拠が存在する場合」などが挙げられる

なお，ここでいう「頻繁な売買」については，会計基準上，明確な規定があるわけではありません。しかし，74ページで後述する「クロス取引」の規定との整合性を考えれば，同じ銘柄を5営業日以内に売買を繰り返しているような場合には，**頻繁な売買**だと認定される可能性があるので，注意が必要だといえるでしょう。

また，この売買目的有価証券の保有目的区分に適している業界は，有価証券の引受けや仲介，短期的な自己勘定取引など，「有価証券の売買そのもの」を業としている場合であり，証券会社やディーラーなどがその典型例です。

一般事業会社や中長期的な保有を志向している機関投資家が，売買目的有価証券の保有目的区分を積極的に活用することは，それほどないと考えてよいでしょう。

❸　満期保有目的の債券

満期保有目的の債券とは，「**満期まで所有する意図をもって保有する社債その他の債券**」と定義されます。

満期保有目的の債券は，原則として時価評価の対象とならず，**簿価（取得原価ないし償却原価）によって評価**されます。このため，「時価会計の例外」に位置づけられます。

| 満期保有目的の債券は「時価会計の例外」 | → | B／S面：時価評価差額は「純資産の部」に計上されない |
| | → | P／L面：時価評価差額は「当期純利益」に計上されない |

つまり，面倒な期末時価評価を行う必要がないため，一見すると，使い勝手がよい保有目的区分にも見えます。

しかし，満期保有目的の債券は，あくまでも「時価会計の例外」です。

これは，「債券を満期まで保有することで，そのキャッシュ・フローをあらかじめ確定させようとする企業の合理的な投資行動」を尊重した取扱いです。したがって，満期保有目的の債券という保有目的区分を使うことができるのは，「債券を満期まで保有する」という投資行動に沿っている場合に限られるのです。

保有している債券を「満期保有目的の債券」に区分するためには，具体的には，次の3つの要件が必要です。

① あらかじめ償還日が定められていること
② 額面金額の償還が予定されていること
③ 所有者側に満期まで所有する意思と能力があること

（1）あらかじめ償還日が定められていること

このうち，①の要件については，いわば，当たり前の話です。「将来のキャッシュ・フローをあらかじめ確定させる」ためには，償還日が存在していなければなりませんから，償還される予定がない金融商品（たとえば普通株式）を満期保有目的の債券に区分することはできません。

ただし，「永久債」（償還される日が特定されていない債券）や，「コーラブル債」（債券の発行者が途中で償還する可能性がある債券）のように，契約上の償還日が定められていない場合であっても，「償還日が合

理的に予測できる場合」には，①の要件を満たすこととして取り扱うことができます。

> **①あらかじめ償還日が定められていること**

> 普通株式のような「償還期限のないもの」を満期保有目的に区分することはできない

> ただし，永久債やコーラブル債のようなものであっても，「償還日が合理的に予測できる場合」には満期保有目的の債券として保有できることがある

（2）額面金額の償還が予定されていること

次に，②の要件については，安全な債券や元本割れを起こさない債券でなければ，満期保有目的の債券に区分することはできない，ということです。

たとえば，信用力が低い企業の債券だと，債券の元利払いが滞ってしまう可能性もありますし，最悪の場合，償還日前にその発行企業が倒産してしまうかもしれません。だいいち，そのような債券を満期まで保有することは，経済合理性にも反します。

つまり，満期保有目的の債券として適格な有価証券とは，確実に元本が返ってくると見込まれる，信用力の高い発行体（国や格付けの高い地方自治体，企業など）が発行するものである必要があります。その際，満期保有目的の債券に区分するためには，投資対象の債券が満期保有目的の適格要件を満たすかどうか（つまり「信用力が高いかどうか」）を判断するための合理的な基準を設定しておくことが必要です。

当然，信用力が低い発行体が発行した社債（ジャンクボンドなど）については満期保有目的の要件を満たしませんし，元本リスクが含まれた仕組債も同様に，「額面金額の償還が予定されている」とはいえません（ただし，複合金融商品会計の181ページ以降で後述する「一体処理要件」を満たすような金融商品は，たとえ仕組債であっても元本リスクがない

ため，満期保有目的の債券として区分することができる場合もあります）。

②額面金額の償還が予定されていること

「信用力が高い」と判断するためには，指定格付機関による格付その他の合理的な判断基準により，投資家が満期保有の適格要件を定めておくことが必要

信用力が低い発行体が発行した社債（俗にいうジャンクボンドなど）は満期保有目的要件を満たさない

元本リスクのある仕組債は満期保有要件を満たさない

仕組債であっても元本リスクがない場合には，一体処理（185ページ参照）の適用を条件に，満期保有目的の要件を満たす場合がある

（3）所有者側に満期まで所有する意思と能力があること

　最後に，③の要件は，いわば，所有者側の要件です。

　満期保有目的の債券に区分するためには，その債券を買った時点で，「この債券を満期保有目的の債券として保有する」という指定を行う必要があります。このため，売買目的有価証券や，後述するその他有価証券の区分で購入した有価証券を，あとから満期保有目的の債券に指定変更することはできません。

　また，資金繰りの都合で債券を満期まで保有できないような場合や，買った時点で保有期間が漠然としているような場合には，満期保有目的の債券として保有することはできません。

③所有者側に満期まで所有する意思と能力があること

債券を取得した時点で，満期まで所有すると決定していることが必要（あとから満期保有目的の債券に区分変更することはできない）

資金繰りその他に照らして満期まで所有する能力が必要

保有期間が漠然としていて，未定であるような場合には，満期保有目的の債券の区分で保有することはできない

（4）満期まで保有しなかったら

以上の3つの要件に加え，満期保有目的の債券が償還される前に，一部でも売却などした場合には，厳しいペナルティが課せられています。

具体的には，その時点で満期保有目的の債券として区分されているすべての債券の保有目的区分を変更しなければなりません。また，その事業年度を含めた2事業年度において，取得した債券を満期保有目的の区分に分類することができないのです。

満期保有目的の債券を一部でも売却・区分変更した場合のペナルティ規定

満期保有目的に区分された残りすべての債券の保有目的区分を変更しなければならない

その事業年度を含む「2事業年度」において，取得した債券を満期保有目的の区分に分類することができない

以上から，満期保有目的の債券の区分を使うことができるのは，例外的な場合に限られます。また，もしこの区分を使う場合には，おいそれと売ることができなくなるため，流動性が高い債券（国債など）よりも，流動性が低い債券（たとえば，前述の満期保有要件を満たした仕組債など）のほうが適しているといえるかもしれません。

❹ 子会社・関連会社株式

（1）いずれも取得原価で評価

子会社や関連会社とは，もともとは，連結財務諸表上の考え方です。会計基準上は，

- 子会社株式は「他の企業の意思決定機関を支配している場合における当該他の企業の株式」
- 関連会社株式は「他の企業の財務および営業または事業の方針に対

して重要な影響を与えることができる場合の当該他の企業の株式」
と定義されます。

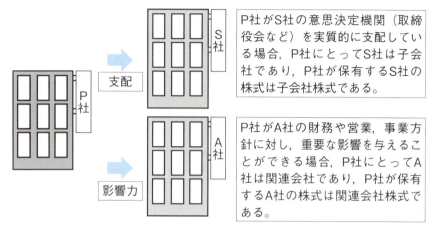

※親会社（Parent company）をP社，子会社（Subsidiary company）をS社，関連会社（Affiliate company）をA社と略すことが多い。

　金融商品会計上，子会社株式も関連会社株式も，**個別財務諸表上は取得原価にて評価する**こととされています。また，連結財務諸表上は，子会社株式は連結手続により子会社の資本金などと相殺消去され，関連会社株式は持分法によって評価されます。

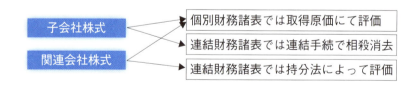

（2）連結財務諸表の考え方

　ここで，子会社株式，関連会社株式の定義とも関係してくるので，少し「連結財務諸表」についての話をしておきましょう。

　親会社と子会社，さらには関連会社までの企業集団を，あたかも1つ

の企業であるかのように考えて作成した財務諸表を「**連結財務諸表**」と呼びます。

これに対して，親会社だけ，子会社だけというように各社個々の財務諸表を「**個別財務諸表**」（または**単体財務諸表**）と呼びます。

連結財務諸表を作るときには，基本的に，子会社を「連結」し，関連会社には「持分法」を適用します。このため，連結される子会社を「連結子会社」，持分法が適用される関連会社を「持分法適用関連会社」と呼ぶこともあります（なお，連結財務諸表の詳しい作成方法については，他書に譲ります）。

> 連結財務諸表とは：
> 親会社，子会社，関連会社から構成される企業集団を，あたかも1つの企業であるかのようにみて作成する財務諸表のこと。子会社は連結，関連会社は持分法により，その財務諸表を親会社の決算に取り込む。

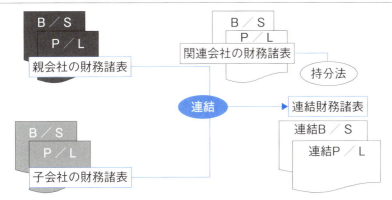

連結財務諸表を作成する目的は，親会社の決算に子会社や関連会社の決算を取り込むとともに，親子会社間の取引を相殺することで，企業集団全体の財政状態や経営成績などを適正に示すことにあります。

特に，子会社については，親会社から「支配」されていますので，親会社が子会社に商品などを不当に高く売りつければ，親会社の個別損益計算書（P／L）上，儲かっているように見せることもできます。しかし，

連結財務諸表を作る際には，親子会社間の取引は相殺消去されるため，こうした損益操作ができなくなるという効果が得られます。

　ところで，昔の会計基準では，連結子会社となるための条件が，「相手の株式の過半数を保有している場合」と定められていました。このため，持株比率をわざと半数以下（たとえば49.9％）にして，実質的に支配している会社を子会社から外すこと（いわゆる「連結外し」）が横行していました。

　そこで，現在の基準では，持株比率が過半数ではなくても，「その会社の意思決定機関を支配している状態」にあれば，その会社を子会社と認定し，連結の範囲に含められることとされています。これを「支配力基準」と呼びます。また，関連会社についても同様に，持株比率に加えて，「影響力基準」が適用されます。

支配力基準とは？

P社のS社に対する議決権の所有割合が50％以下であっても，実質的にP社がS社の意思決定機関を支配しているような場合には，S社をP社の子会社とする考え方。

影響力基準とは？

P社のA社に対する議決権の所有割合が20％以下であっても，実質的にP社がA社の財務や営業，事業方針に対して重要な影響を与えることができるような場合には，A社をP社の関連会社とする考え方。

（3）支配力基準

　支配力基準の考え方では，議決権の過半数を所有している場合には「意思決定機関を支配している」とみなされ，子会社となりますが，そうでない場合であっても子会社となる場合があります。

　これをパターンに分けると，「自己の計算で」所有している議決権が，

①50％を超える場合，②40％以上・50％以下である場合，③40％未満の場合，の３つのケースで，その判定方法が異なります。

　①議決権比率が50％を超えている場合（つまり過半数の場合），原則としてその会社は子会社となり，その会社の株式は子会社株式と判定されます。

　しかし，②40％以上・50％以下である場合であっても，連結子会社と判定されることがあります。具体的には，

　ⅰ　自社と同じように議決権を行使してくれると期待できる人（たとえば自社の役職員や関連会社など）とあわせて議決権比率が過半数に達しているような場合

　ⅱ　取締役会などの意思決定機関の過半数が自社の役職員である場合

　ⅲ　契約で相手を支配している場合

　ⅳ　資金調達で相手を支配している場合

　ⅴ　それ以外の状況であっても「支配している」と認められるような場合

が考えられます。

　また，「自社と同じように議決権を行使してくれると期待できる人や同意している人」を，一般に「緊密者・同意者」と呼びます（以下では「緊密者」と表記します）。そのうえで，③議決権比率が40％未満である場合（極端な場合，自分では１株も持っていない場合）であっても，この「緊密者」とあわせて過半数の株式を持っている場合には，上記の②で見たⅱ～ⅴのどれかの条件を満たしていれば，その会社が子会社に該当します。

支配力基準の具体的な判定

【ステップ１】自己の計算で所有している議決権比率の状況で場合分けする

(1)	50％超の場合	50％超（つまり過半数）である場合，原則として子会社となる
(2)	40％以上・50％以下の場合	以下の【ステップ２】①～⑤のうちいずれか１つを満たしていれば子会社となる
(3)	40％未満の場合（０％を含む）	「緊密者」とあわせて議決権比率が過半数となる場合であって，かつ，【ステップ２】②～⑤のうちいずれか１つを満たしていれば子会社となる

【ステップ２】
(2)(3)の場合，他の会社を支配していることが推測される事情

①合算して50％超となる場合

自己の計算で所有している議決権と，「緊密者」が所有している議決権を合計すると50％を超えている（※(2)のみに該当）

②人的に支配している場合

その会社の取締役会などの意思決定機関の過半数を，自社の役職員などで占めている

③契約によって支配している場合

その会社の重要な財務，営業，事業方針の決定を支配する契約がある

④資金調達面で支配している場合

自社やその関係者が，その会社の資金調達額の50％を超える融資，債務保証，担保提供などを行っている

⑤その他，支配している一定事実がある場合

①～④以外に，その会社を支配していることが推測される事実がある

　ここで，「自己の計算で」とある部分は，自社だけでなく，自社の子会社が保有する議決権を合算して判定します。というのも，「子会社の子会社（いわゆる孫会社)」も会計上は子会社と判定されるからです。

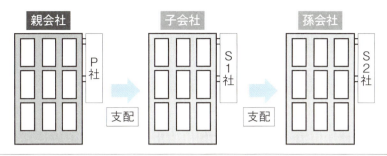

連結財務諸表の考え方では，子会社の子会社（俗にいう「孫会社」）は連結子会社であるとみなされる。

（4）影響力基準

関連会社株式の場合も同様に，①自己の計算で所有する議決権比率が20％以上の場合，原則として関連会社となりますが，②15％以上・20％未満の場合や，③15％未満の場合であっても，その会社の財務，営業，事業の方針などの決定に対して重要な影響を与えることができる場合には，関連会社と認定されます。

影響力基準の具体的な判定

【ステップ1】自己の計算で所有している議決権比率の状況で場合分けする

(1) 20％以上の場合	原則として関連会社となる
(2) 15％以上・20％未満の場合	以下の【ステップ2】①～⑤のうちいずれか1つを満たしていれば関連会社となる
(3) 15％未満の場合（0％を含む）	「緊密者」とあわせて議決権比率が20％以上となる場合であって，【ステップ2】①～⑤のうちいずれか1つを満たしていれば関連会社となる

【ステップ2】
(2)(3)の場合，影響力を与えることができると推測される事情

| ①人的影響力の行使 | 自社の役職員などがその会社の取締役などに就任している |

| ②融資による影響力の行使 | 重要な融資（債務の保証および担保の提供を含む）を行っている |

| ③技術による影響力の行使 | その会社に重要な技術を提供している |

| ④営業上・事業上の影響力の行使 | 重要な販売，仕入など，営業上・事業上の取引があること |

| ⑤その他，影響力を行使している一定事実の存在 | ①～④以外に，財務，営業，事業方針などの決定に重要な影響を与えることができることが推測される事実が存在する |

5 その他有価証券

　以上までの説明で，有価証券には大きく分けて，「売買目的有価証券」，「満期保有目的の債券」，「子会社・関連会社株式」が存在することを確認しました。これらの有価証券は，いずれも，有価証券の所有者が明確な目的を持って保有するものです。

| 売買目的有価証券 | 時価の変動により利益を得ることを目的として保有する有価証券 |

| 満期保有目的の債券 | 満期まで所有する意図をもって保有する社債その他の債券 |

| 子会社株式 | 他の企業の意思決定機関を支配している場合における当該他の企業の株式 |

| 関連会社株式 | 他の企業の財務および営業または事業の方針に対して重要な影響を与えることができる場合における当該他の企業の株式 |

有価証券の保有目的区分には，あと1つ，「**その他有価証券**」という区分が存在します。

その他有価証券は「**売買目的有価証券，満期保有目的の債券，子会社株式，関連会社株式のいずれにも該当しない有価証券**」であると定義されます。言い換えれば，その他有価証券そのものの性質を示す明確な定義は存在しません。

一般に，その他有価証券は保有期間も保有目的も漠然としていることが多く，また，保有目的区分を決めずに有価証券を取得した場合には，自動的にその他有価証券に区分されることになります。

● その他有価証券自体に明確な定義は存在しない
● 有価証券を取得して，保有目的区分を決めなければ，自動的にその他有価証券に区分される

その他有価証券の期末評価にあたっては，時価がある有価証券の場合は時価評価し，時価と簿価の差額は洗替方式により，原則として純資産直入処理（つまりOCI処理）します（いわゆる全部純資産直入法）。

ただし，時価評価差額が簿価を下回る場合には，その差額を当期の損失として処理（つまりP／L処理）する方法も認められます（いわゆる部分純資産直入法）。

また，いずれの方法を採用したとしても，純資産の部に計上されるその他有価証券の評価差額については，税効果会計を適用することが必要です（なお，税効果会計の詳細については，他書に譲ります）。

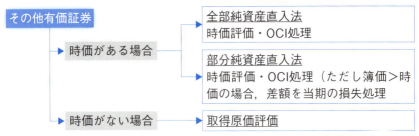

※いずれの場合であっても，OCI処理される「その他有価証券評価差額金」には税効果会計を適用することが必要

なお，その他有価証券に限っては，原則として期末日の時価を使う必要があるものの，継続的な適用を条件として，期末前1か月の市場価格の平均値を使うことも可能です。

❻ 洗替法と切放法

有価証券の会計処理を議論する際の前提となる考え方の1つに，「**洗替法**」と「**切放法**」があります。

切放法とは，「**簿価を修正する会計処理**」です。

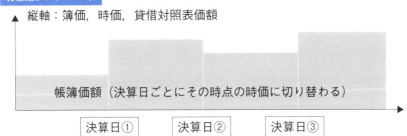

これに対し,「洗替法」とは,簿価そのものを変更せず,あくまでも「**期末の貸借対照表価額だけを変更する会計処理**」です。

売買目的有価証券の時価評価は洗替法,切放法のいずれも適用できますが,切放法のほうが一般的です。また,その他有価証券の時価評価は,全部純資産直入法,部分純資産直入法のいずれであっても,洗替法が適用されます。

❼ 有価証券の期末評価

以上までの説明を踏まえ,株式と債券を例にとって,保有目的区分別に,会計処理の概要を設例で確認してみましょう。

まず,**株式の場合**です。

> ある3月末決算の企業は，X1年4月1日に時価のある株式を100万円の取得原価で取得した。X2年3月31日時点でこの株式の時価は150万円に上昇していた。この時の保有目的区分ごとの会計処理を示せ（ただし，税効果会計は考慮しないものとする）。

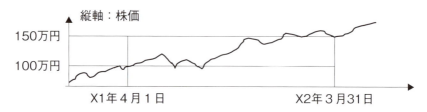

株式の場合，考えられる保有目的区分は，①売買目的有価証券，②子会社・関連会社株式，③その他有価証券，の3つです。売買目的有価証券は時価評価・P／L処理，子会社・関連会社は取得原価評価，その他有価証券は時価評価・OCI処理ですので，それぞれについて会計処理の設例を示すと，次のとおりです。

まず，①売買目的有価証券の場合は，100万円で取得した株式が150万円に上昇していたので，その分，売買目的有価証券を増やし，運用益を損益計算書に計上します。

①売買目的有価証券

期末に時価（150万円）で評価し，簿価（100万円）と時価の差額（50万円）をP／L処理する。また，洗替法ではなく切放法により処理することが一般的であり，この場合，翌期首の戻入処理は行わない。

X1年4月1日
| 売買目的有価証券 | 100万円 ／ 現金預金 | 100万円 |

X2年3月31日
| 売買目的有価証券 | 50万円 ／ 有価証券運用損益 | 50万円 |

X2年4月1日
（仕訳なし）

第2章　有価証券の区分と評価方法をつかむ　　61

　次に，②子会社・関連会社株式の場合は，期末に時価が上昇していて
も評価し直さないでの，仕訳はありません。したがって，簿価は100万
円のままです。

②子会社株式・関連会社株式

| 子会社株式や関連会社株式に該当した場合，個別財務諸表上は取得原価により評価される。 | | | |

X1年4月1日（※ここでは子会社株式に該当したとする）

| 子会社株式 | 100万円 | / 現金預金 | 100万円 |

X2年3月31日

| （仕訳なし） | | | |

X2年4月1日

| （仕訳なし） | | | |

　さらに，③その他有価証券の場合，期末に株価が50万円上昇していた
ので，その分，その他有価証券を増やしますが，反対勘定は「その他有
価証券評価差額金」を使います。これは，貸借対照表の純資産の部に計
上されます。

③その他有価証券

| 期末に時価（150万円）で評価し，簿価（100万円）と時価の差額（50万円）をOCI処理する。また，洗替法により処理するため，翌期首に戻入処理を行う。 | | | |

X1年4月1日

| その他有価証券 | 100万円 | / 現金預金 | 100万円 |

X2年3月31日

| その他有価証券 | 50万円 | / その他有価証券評価差額金 | 50万円 |

X2年4月1日

| その他有価証券評価差額金 | 50万円 | / その他有価証券 | 50万円 |

一方，**債券の場合**についても確認してみましょう。

> ある企業（決算日は毎年3月31日）は，X0年4月1日に，満期5年（X5年3月31日償還），額面100億円の債券を95億円で取得した。取得差額はその全額が金利調整差額である。また，この債券の時価は，X1年3月31日時点で98億円に上昇していた。このときのX1年3月31時点における会計処理を示せ。
> ※ここでは，償却原価法を適用する場合は定額法とし，毎年1億円ずつ償却するものとする。また，税効果会計は考慮しない。

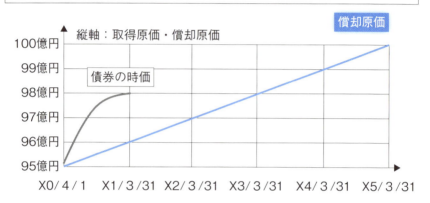

債券の場合，考えられる保有目的区分は，①売買目的有価証券，②満期保有目的の債券，③その他有価証券，の3つです。売買目的有価証券は時価評価・P／L処理，満期保有目的の債券は償却原価評価，その他有価証券は時価評価・OCI処理ですので，それぞれについて会計処理の設例を示すと，次のとおりです。

まず，①売買目的有価証券の場合は，95億円で取得した債券の時価が98億円に上昇したので，その分，売買目的有価証券を増やし，運用益を損益計算書に計上します。

①売買目的有価証券

期末に時価（98億円）で評価し，簿価（95億円）と時価の差額（３億円）をＰ／Ｌ処理する。また，洗替法ではなく切放法により処理することが一般的であり，この場合，翌期首の戻入処理は行わない。

X0年４月１日

| 売買目的有価証券 | 100億円 | / | 現金預金 | 100億円 |

X1年３月31日

| 売買目的有価証券 | ３億円 | / | 有価証券運用損益 | ３億円 |

X1年４月１日

（仕訳なし）

次に，②満期保有目的の債券の場合，時価会計の対象外であり，償却原価法が適用されます。具体的には，取得価額と額面との差額を定額法で１億円ずつ毎期計上するので，その分，満期保有目的の債券を増やし，受取利息を損益計算書に計上します。

②満期保有目的の債券

期末に償却原価（96億円）で評価し，取得原価（95億円）との差額は利息の調整としてＰ／Ｌ処理する。また，時価評価は行わない。

X0年４月１日

| 満期保有目的の債券 | 100億円 | / | 現金預金 | 100億円 |

X1年３月31日

| 満期保有目的の債券 | １億円 | / | 受取利息 | １億円 |

X1年４月１日

（仕訳なし）

ところで，債券については，③その他有価証券の場合は2段階の期末処理となります。

まず，取得価額と額面との差額を定額法で1億円ずつ毎期計上するので，その分，その他有価証券を増やし，受取利息を損益計算書に計上します。

そのうえで，その他有価証券の簿価（96億円）と時価（98億円）を比較し，その差額分，その他有価証券を増やし，その他有価証券評価差額金を計上して純資産直入します。

翌期首の洗替処理では，純資産直入された金額のみを戻し入れることになります。

③その他有価証券

まず償却原価法を適用し，償却原価（96億円）と取得原価（95億円）の差額は利息の調整としてP／L処理する。次に期末に時価（98億円）で評価し，償却原価（96億円）と時価の差額（2億円）をOCI処理する。また，洗替法により処理するため，翌期首に戻入処理を行う。

X0年4月1日

その他有価証券	100億円 / 現金預金	100億円

X1年3月31日
償却原価法の適用

その他有価証券	1億円 / 受取利息	1億円

時価評価・OCI処理

その他有価証券	2億円 / その他有価証券評価差額金	2億円

X1年4月1日

その他有価証券評価差額金	2億円 / その他有価証券	2億円

第2章　有価証券の区分と評価方法をつかむ　65

3 有価証券のその他の論点

> **ポイント**
> - 有価証券には「いつ売買を認識するか」という論点に加え，「そもそも売買として成立するか」という重要な論点が存在する
> - 減損処理，自己株式，自己社債，未収利息，未収配当金など，個別に留意しなければならない論点がいくつか存在する

❶ 約定日基準と修正受渡日基準

　以上，有価証券の保有目的区分と期末の会計処理について確認しましたが，有価証券の会計処理には，ほかにもいくつか論点があります。

　有価証券の会計処理で重要なのは，**「いつの時点で取得したとみるか」**，**「いつの時点で売却したとみるか」**，という論点です。

（1）約定日基準

　通常，有価証券の売買市場では，売買の約定を決めた時点から，実際に有価証券の権利の移転（受渡し）が完了するまで，数営業日が必要です。受渡しに必要な営業日数は，金融商品の種類や国，市場によっても異なりますが，たとえば3営業日必要であれば，市場では「T＋3」などと呼びます（この場合，Tとはトレードをした日，つまり約定日のこと）。

　しかし，有価証券の受渡しが終わっていなくても，有価証券の売買を

約定した場合，その契約時から，時価の変動リスクなども移転することになります。このため，金融商品会計では，「**約定日基準**」（**売買の約定をした時点で，権利の移転（購入，売却）の会計処理をする方法**）を適用する必要があります。

ここで，具体的な事例を2つ考えてみましょう。

事例① 3月31日決算のA社が，X1年3月30日に株式を100万円で購入すると約定し，3日後のX1年4月2日に受渡しを完了した。X1年3月31日時点の株価は90万円だった。

事例①は，3月31日決算のA社が，決算日の直前である3月30日に，ある会社の株式を100万円で購入した事例です。翌31日（つまり決算日）には，その株式が90万円に値下がりしてしまっていますが，この時点で有価証券の受渡し（現金100万円と株式の交換）は終わっていません。しかし，A社としては，約定時点で株式を100万円で購入すると決めており，その時点で株価の下落リスクを負っているはずです。

そこで，約定日基準では，約定時点で有価証券を購入したという会計処理を行います（ここでは便宜上，保有目的区分がその他有価証券で，翌期首の戻入処理，税効果会計は省略します）。

約定日基準に基づく会計処理(有価証券の取得の場合)

X1年3月30日
その他有価証券　　　　　　100万円　／　約定未払金　　　　　　　100万円

X1年3月31日
その他有価証券評価差額金　10万円　／　その他有価証券　　　　　10万円

X1年4月2日
約定未払金　　　　　　　　100万円　／　現金預金　　　　　　　　100万円

一方,これとは逆に,有価証券を売却する約定を行った事例も確認しておきましょう。

事例②　3月31日決算のB社が,X1年3月30日に株式を100万円で売却すると約定し,3日後のX1年4月2日に受渡しを完了した。X1年3月31日時点の株価は110万円だった。

事例②は,3月31日決算のB社が,決算日の直前である3月30日に,ある会社の株式を100万円で売却した事例です。翌31日(つまり決算日)には,その株式が110万円に値上がりしてしまっていますが,この時点で有価証券の受渡し(現金100万円と株式の交換)は終わっていません。しかし,B社としては,約定時点で株式を100万円で売却すると決めており,これ以降は株価の騰落リスクを負わないはずです。

そこで,約定日基準では,約定時点で有価証券を売却したという会計処理を行います(ここでは便宜上,保有目的区分がその他有価証券で,

株式の帳簿価額は90万円だったと仮定し，税効果会計は無視します）。

約定日基準に基づく会計処理（有価証券の売却の場合）

X1年3月30日

約定未収金	100万円	/	その他有価証券	90万円
			有価証券売却益	10万円

X1年3月31日

		（仕訳なし）		

X1年4月3日

現金預金	100万円	/	約定未収金	100万円

つまり，いずれの事例でも，有価証券の売買の会計処理は約定時点で行われています。

（2）修正受渡日基準

ただ，実務上，こうした約定日基準を採用するのは煩雑でもあります。そこで，金融商品会計では，約定日基準の代わりに，**「修正受渡日基準」**を採用することができます。

この方法は，**「買い手は約定日から受渡日までの時価変動のみを認識し，売り手は約定日に売却損益のみを認識する方法」**のことです。

修正受渡日基準とは？

買い手：約定日から受渡日までの時価変動のみを認識する方法
売り手：約定日に売却損益のみを認識する方法

この方法で事例①，事例②の仕訳を書き換えると，次のとおりです。

第2章　有価証券の区分と評価方法をつかむ　69

修正受渡日基準に基づく会計処理（有価証券の取得の場合）

X1年3月30日

（仕訳なし）

X1年3月31日

その他有価証券評価差額金　10万円 ／ その他有価証券	10万円

X1年4月3日

その他有価証券	100万円 ／ 現金預金	100万円

修正受渡日基準に基づく会計処理（有価証券の売却の場合）

X1年3月30日

その他有価証券	10万円 ／ 有価証券売却益	10万円

X1年3月31日

（仕訳なし）

X1年4月3日

現金預金	100万円 ／ その他有価証券	100万円

② 減損処理とは？

　売買目的有価証券以外の有価証券については，「著しい時価の下落」や「実質価額の低下」が発生した場合，その金額を，当期の損失として処理しなければなりません。このような会計処理を「**有価証券の減損処理**」と呼びます。

　減損処理の方法は，有価証券の区分に応じて3つあります。それは，**①時価がある有価証券の場合**，**②時価がない株式の場合**，**③時価がない債券の場合**，です。

①時価がある有価証券の場合

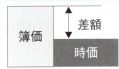

簿価と比べて時価が著しく下落した場合，回復する見込みがあると認められる場合を除き，簿価を時価の水準にまで切り下げ，差額を当期の損失としてP／L処理しなければならない。

②時価がない株式の場合

簿価と比べて実質価額が著しく低下した場合，回復する見込みがあると認められる場合を除き，簿価を実質価額の水準にまで切り下げ，差額を当期の損失としてP／L処理しなければならない。

③時価がない債券の場合

時価を把握することが極めて困難な債券については，金銭債権に準じて貸倒見積高を計算し，会計処理を行う（例：貸倒引当金を設定する，など）。

（1）時価がある有価証券の減損処理

　まず，「①時価がある有価証券」の場合，その有価証券の時価（市場価格か合理的に算定された価額）と簿価（取得原価，償却原価）を比べます。そして，「著しく下落し」，「回復可能性がない」と判定される場合は，その差額を切放法により損失処理（P／L処理）する必要があります。

　ここで，「時価の著しい下落」は，時価が簿価（取得原価）に対してどの程度下落しているかで判断します。具体的には，「30％」と「50％」という，2つの基準が用いられます。

　まず，50％のルールとは，時価が取得原価に対して，「50％程度以上」下落した場合です。この場合は，原則として減損処理が必要です（ただし，「回復する可能性がある」場合には，減損処理をしなくてもよい場

第2章　有価証券の区分と評価方法をつかむ　71

合があります）。

　次に，30％のルールでは，下落率が「30％未満」の場合は，一般には「著しく下落した」状況には該当しないものとして取り扱われます（ただし，「著しく下落した」という数値基準を30％未満に設定すること自体は可能です）。

　ところで，判断に迷うのが，この中間，つまり「時価の下落率が30％以上，50％未満」の場合でしょう。この場合の減損基準は一律に決めることができないからです。そこで，下落率が30％以上で50％未満の場合には，各企業が何らかの合理的な基準を決めて減損処理の要否を判定する必要があります。

　この具体的な方法としては，たとえば，「2期以上（あるいは3期以上）連続して，時価が取得原価と比べて30％から50％の水準にある場合」，などの基準が考えられます。

簿価	①	時価の下落率が30％未満の場合
	②	時価の下落率が30％以上，50％未満の場合
	③	時価の下落率が50％以上の場合

①一般に「時価の著しい下落」には該当しないものの，30％を下回る水準を「著しい下落」に設定することを妨げない。

②基準上，一律の数値基準は設けないが，状況によっては減損処理を要する場合があるため，各社が合理的な基準を設けて判断する。

③「時価の著しい下落」に該当するため，回復可能性がある場合を除いて減損処理をしなければならない。

一方，「回復可能性があるかどうか」については，「期末日後おおむね1年以内に時価が取得原価にほぼ近い水準にまで回復する見込みがあることを合理的な根拠をもって予測できるかどうか」で判断することとされています。

具体的には，個別銘柄ごとに，市況や時価の下落の内外要因などを総合的に勘案して検討するものとされています。

とはいえ，回復可能性の判断は非常に難しいのが実情です。このため，実務慣行としては，「50％以上下落したら回復可能性を検討せずに，すぐに減損処理する」とする判断も見られます。

回復可能性の判断方法の例

- 株式の取得時点，期末日，期末日以後の各時点において，たとえば，
  - 市場価格の推移，● 市場環境の動向，● 最高値・最安値と購入価格との乖離状況，● 発行会社の業況等の推移，● 時価下落の内的・外的要因
  …
  などを総合的に勘案して検討する。
- 株式の時価が過去2年にわたり著しく下落している場合や，2期以上連続で損失を計上しており，翌期以降もそのように予想される場合は，回復可能性があるとは認められない。

（2）時価のない株式の減損処理

2つ目は，「時価がない株式」の場合です。この場合は，「実質価額」が簿価（取得原価）と比べて，50％以上低下した場合には，「回復可能性が十分な証拠によって裏付けられる場合」を除いて，時価がある有価証券と同じように，減損処理する必要があります。

時価がある有価証券との違いは，**株式を発行している会社の財政状態をもとに，「実質価額」を算出する必要がある**，という点です。具体的には，「一般に公正妥当と認められる会計基準」に準拠して作成した発行会社の財務諸表をもとに，1株当たりの純資産額を算出し，これと取

得原価を比べる方法を使います。

簿価	①	①実質価額の低下率が50％未満の場合
		原則として減損処理は必要ない
	②	②実質価額の低下率が50％以上の場合
		回復可能性がない場合には減損処理が必要

実質価額は「一般に公正妥当と認められる会計基準」に準拠して作成された発行会社の財務諸表をもとに算出された1株当たり純資産額

　ただし，実務的に，「時価のない株式」の減損を検討しなければならない場合として考えられるのは，子会社株式や関連会社株式などが多いでしょう。この場合は，投資先の企業の経営内容や経営の見通し，経営改善計画などを入手し，検討することができる場合もあります。そのような場合には，経営改善計画の実現可能性などを総合的に勘案して，回復可能性を検討することが考えられます。

（3）時価のない債券の減損処理

　3つ目の「時価のない債券」については，金銭債権の会計処理（詳しくは第3章を参照）に準じることとされています。

　ただし，実務上，非上場の債券も含め，大部分の債券は時価を合理的に算出することができるとされているため，「時価のない債券の減損ルール」は，事実上，死文となっていると考えてよいでしょう。

3　クロス取引

　有価証券の売買については，**クロス取引**という規定に注意が必要です。これは，損益操作の意図をもって，金融資産を買った直後に同じ金融

商品を売った場合や，その逆に，金融資産を売った直後に同じ金融商品を買った場合に，**売買として処理することを否定する規定**です（ここでいう「直後」とは，一般に5営業日程度をいいます）。

　この規定は，損益を不当に操作するための意図で金融商品の売買を行った場合に，そのような損益操作を許さないために置かれているものです。

クロス取引とは？

適用される前提の取引

> ● ある金融資産を売却した直後に同じ金融資産を購入した場合
> ● ある金融資産を購入した直後に同じ金融資産を売却した場合

クロス取引として認定されるおそれがある取引

> ● 譲渡人が譲受人から譲渡した金融資産を再購入または回収する同時の契約がある場合
> ● 譲渡価格と購入価格が，同じである場合や金利調整が行われただけの価格である場合

「直後」の定義

> 5営業日までの期間は「直後」とみなされる可能性がある。

　もちろん，5営業日以内に同一銘柄の有価証券の売買を行ったからといって，クロス取引が自動的に適用されるわけではありません。正当な理由があれば，売買として認められます。

　しかし，非常に短い期間での売買を行えば，結果的に損益を歪めることに悪用できることも事実であり，また，経済合理性に反した取引が行われてしまうこともあります。

　その中でも特に知られている事例が「**減損逃れのナンピン買い**」です。

たとえば，時価が下落している株式があったとします。このとき，期末の減損処理を回避するために，株価が下がった株式を買い増しし，すぐに売却する，という会計操作が考えられます。

仮に，簿価が1株500円の株式を100株保有していて，この株式の時価が1株200円にまで急落した場合，このままの水準で期末を迎えれば，減損処理を行わなければならなくなります。

このとき，株式などの有価証券の帳簿価額（簿価）を移動平均法により計算しているとすると，期末の1か月前になり，1株200円で100株買い増せば，その株式の簿価は，1株350円に薄まります（500円／株×100株＋200円／株×100株＝70,000円で，これを200株で割れば1株350円）。

そして，期末直前になって1株200円で100株を売れば，簿価は1株350円に下落するため，「50％以上の下落」という状態を回避することができるというわけです。

減損逃れのテクニックの例

ある企業（3月決算）は，3月1日時点で，帳簿価額50,000円の株式を保有している（保有株数は100株，すなわち1株当たりの簿価は500円）が，この株価は200円に下落している。この企業は3月2日に1株200円で100株を購入し，翌週，1株200円で100株売却した。

	株式の簿価	保有株数	簿価単価	時価単価	
3月1日	50,000円	100株	500円／株	200円／株	…①
3月2日	70,000円	200株	350円／株	200円／株	
3月9日	35,000円	100株	350円／株	200円／株	…②

①の時点では，簿価単価500円に対し，時価単価は200円で，下落率は60％に達しており【(500円－200円)÷500円】，このままだと減損処理は不可避。しかし，②の時点では，簿価単価が350円に切り下がり，時価単価は200円であるため，下落率は約43％となるため，「50％減損ルール」には抵触しない

これが俗にいう「減損逃れのナンピン買い」と呼ばれる行為です。

　ただ，このような行為を認めると，企業会計が歪んでしまいます。そこで，金融商品会計では「クロス取引」という規定を置いています。

　具体的には，有価証券などの金融商品を売却した直後に同じ金融商品を購入した場合（あるいは逆に，金融商品を購入した直後に同じ金融商品を売却した場合）で，売買した当事者の間に金融商品を買い戻す約束がある場合には，売買としての処理が行われません。また，クロス取引に認定された場合，購入の直後に売却した金融商品について，簿価通算の会計処理をすることはできません。

　この設例でも，「クロス取引」として認定された場合には，期末時点で残っている100株の簿価単価を350円に切り下げる会計処理はできません。移動平均法の適用が否認され，あくまでも，「1株200円の株式を1株200円で売却した」という会計処理が適用され，期末時点で残っている株式の単価は500円としなければなりません。そして，期末時点の時価が200円程度であれば，株式の単価500円と期末時点の時価200円を比べ，減損処理の要否を検討することが必要になります。

　なお，クロス取引の規定は，主にその他有価証券を念頭に置いた規定で，売買目的有価証券には適用されません。なぜなら，44ページで説明したとおり，売買目的有価証券は「頻繁な売買を行うこと」が前提の有価証券であり，また，決算日には時価評価・P／L処理される性質の有価証券であるため，損益操作のしようがないためです。

　当然，売買目的有価証券であれば，同じ金融資産を5営業日以内に売買したとしても，まったく問題になりません。

④ 自己株式と自己社債

ここまで，一般的な有価証券の取扱いを解説してきました。

ところで，有価証券の一種である株式や社債を発行した場合，それら
は基本的に金銭の授受とともに相手方に渡り，株式であれば資本金など
として純資産の部に，社債であればそのまま負債の部に計上されます。

実は，自社が発行した株式も社債も，自社が取得することができます。
これらは有価証券ですが，時価評価したりする必要があるのでしょうか。

（1）自己株式

自社が保有している，自社が発行した株式のことを，自己株式と呼び
ます。

会社法上，会社は一定の限度額の範囲内で自己株式を取得し，保有す
ることが認められています。また，保有する自己株式を処分（第三者へ
の売却）したり，消却（なくしてしまうこと）することができます。

自己株式の会計処理は，金融商品会計ではなく，「自己株式及び準備
金の額の減少等に関する会計基準」に従うことになります。

保有する自己株式は，「資産の部」ではなく「純資産の部」の株主資
本の内訳としてマイナス計上されます。貸借対照表価額は取得原価であ
り，保有目的区分に応じた期末の時価評価は行われません。

また，自己株式を処分した際に生じる，売却価格と帳簿価額との差額
は，P／L処理ではなく，資本剰余金の調整として処理されます。自己
株式を消却した際には，その帳簿価額を資本剰余金から控除すること
されています。

なお，資本剰余金の額がマイナスとなった場合には，会計期間末でそ
の資本剰余金をゼロにし，マイナスの金額をその他利益剰余金から減額

することとされています。

自己株式とは？	自社が発行した株式を取得したもの。会社は一定の財源の範囲内で自社株式を買い入れることができる。一般に自社株買いは株価上昇や1株当たりの利益の増大に寄与するとされる。
自己株式の処分	自己株式は第三者に転売することができる（自己株式の処分）。その際，帳簿価額と処分価格に差損益が生じた場合は，その差額をP／L処理せず，資本剰余金に増減して処理する。
自己株式の消却	会社が保有する自己株式をなくしてしまうことを「自己株式の消却」という。その際，自己株式の帳簿価額を資本剰余金から減額する（資本金は減額しない）。
資本剰余金	自己株式の処分や消却により，資本剰余金の残高がマイナスとなってしまった場合，会計期間末でその資本剰余金をゼロとし，マイナス額をその他利益剰余金（繰越利益剰余金）から減額する。

（2）自己社債

　同様に，**自社が発行した社債**を取得した場合，その社債は「自己社債」となります。

　ただ，自己社債は自己株式と異なり，金融商品会計が適用され，保有目的区分（売買目的有価証券，その他有価証券）に従って会計処理を行うのが原則です（ただし，満期保有目的の債券としての保有はできません）。

　その理由は，自己社債は繰上償還の場合などと異なり，そのままの状態では，法的に消滅しているわけではないからです。また，貸借対照表上は資産と負債を相殺表示することができる場合もあります。

自己社債とは？	自社が発行した社債。自己株式と異なり，原則として資産側の有価証券として保有し，保有目的区分（売買目的有価証券かその他有価証券）に従って処理する。なお，満期保有目的での保有は認められない。
相殺表示	自己社債は同一の相手先に対する金銭債権・金銭債務であるため，自社が相殺して決済する意思を持っている場合などに，相殺表示できることもある。

❺ 未収利息，未収配当金

　一般に有価証券を保有している場合，株式であれば配当金，債券であれば利息，投資信託であれば収益分配金を受け取ることができます。これらは，受け取った際に受取利息や受取配当金として収益に計上することになります。

　問題は，**未収利息・未収配当金**です。つまり，**期末時点までに発生している株式の配当金，債券の利息，投資信託の収益分配金**をどう処理するか，です。

　特に上場株式については，「配当権利落ち」を会計上も認識しなければなりません。「配当権利落ち」とは，その決算期の株式配当金を受け取る権利が確定した日の翌日に株価が下落する現象です。

　ある3月末決算の上場会社があったとします。一般に，この会社は3月31日時点の株主に対して，配当金を支払います。ただ，株式市場では，売買してから実際に株式を受け渡すまで数営業日が必要です。仮に，この日数が3営業日だとすれば，3月31日時点で株主名簿に名前を載せるためには，その3営業日前（間に休日がなければ3月28日）までに株式を購入しなければなりません。その翌日（3月29日）になって株式を買っても，配当を受け取ることはできません。

このため，株式市場では3月29日に，配当を受け取る権利が失効することを織り込んで株価が下落する現象が発生します。これが「配当権利落ち」と呼ばれる現象です。

一般に株式の配当金は，決算日以降，株主総会までの期間で決定されるため，金額は確定していません。ただ，市場参加者は，その会社の配当実績や配当方針などをもとに，いくらの配当金が支払われるのかを「予想」しています。

たとえば，ある上場会社（3月末決算）の3月28日時点の株価が1株100円で，市場参加者が予想する配当金が1株5円だったとすれば，翌29日には，配当権利落ちの影響により，1株95円程度に下落することが予想されます（ただし，株式市場は日々値動きしているので，実際には権利落ち以外の要因によっても株価は変動します）。

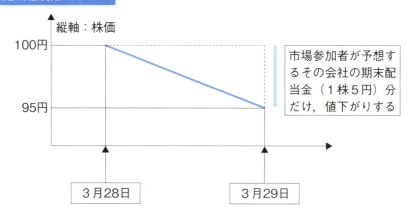

そこで，会計上，上場株式については，市場で予想されている配当金を未収配当金として見積計上する必要があります。また，見積計上額と実際の配当額に差異が判明した場合は，その判明した事業年度に修正を

行う必要があります（ただし，これを行う必要があるのは上場会社の株式のみです）。

> A社は保有する上場会社B社の株式（100株保有）について，配当金の見積計上を行った。配当権利落ちなどから判断して，配当金を1株当たり5円と見積もった。

未収配当金	500円	/	受取配当金	500円

　一方，債券の場合は，債券の利払日と決算日がずれている場合，その利息の計算期間に応じて，未収利息を計上しなければなりません。その際，利息の計算期間は受渡日から決算日までとされます。なお，未収利息や未払利息については，金銭債権や金銭債務の項で詳しく説明します。

有価証券の範囲

　有価証券については，さまざまな法律に規定されています（例：商法，手形法，小切手法など）。

　ただ，金融商品取引法（金商法）が定義する有価証券は，株式や債券など，資本市場を通して売買されるものが中心です。これは，金商法が投資家保護の視点を最も重視しているためで，逆にいえば，金商法に定義されていない有価証券は，原則として，会計上の有価証券ではありません（譲渡性預金などの例外を除きます）。

　また，会計上の有価証券と金商法の有価証券も，厳密には範囲は同じではありません。会計上の有価証券は

① 金融商品取引法（金商法）第2条第1項に列挙されている有価証券
② 金商法第2条第2項に規定される「みなし有価証券」（ただし「信託受益権」を除く）
③ 金商法上は有価証券ではないが，会計上有価証券として取り扱うことが妥当と認められるもの（たとえば国内譲渡性預金）

と定義されており，金商法上は有価証券とされる信託受益権は会計上の有価証券から除外されています（「金銭の信託」として取り扱います）。また，譲渡性預金はその性質上，会計上は有価証券として取り扱うという点が明示されています。

第 **3** 章

金銭債権と金銭債務
の会計処理

1 金銭債権債務とは？

> **ポイント**
> - 金銭債権と金銭債務は時価会計の対象外
> - 会計上の金銭債権の範囲は金銭債務の範囲よりも狭い

❶ 金銭債権債務の定義

　債権と債務は，もともとは民法上の概念です。わかりやすくいえば，債権とは「**ある他人に対して何らかの行為を要求する権利**」，債務とは「**ある他人に対して何らかの行為を提供する義務**」のことです。

　「何らかの行為」には，法律的には，「カネ，モノ，サービス」などが広く含まれます。しかし，金融商品会計の対象となる債権・債務は，事実上，金銭債権と金銭債務に限られます。

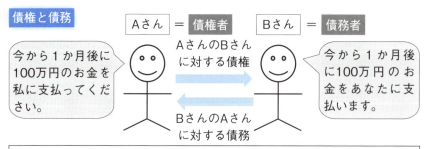

たとえば1か月後にBさん（債務者）がAさん（債権者）に100万円を支払うという約束をしていた場合，この「1か月後に100万円を支払う」という約束が，Aさんの Bさんに対する債権，Bさんの Aさんに対する債務である。

そこで、ここからは、金銭債権と金銭債務の具体的な事例と、これに関する会計上の取扱いについて確認していくことにしましょう。

❷ 会計上の金銭債権債務

さて、**金銭債権**と**金銭債務**は、「人の人に対する金銭の請求権（支払義務）」であると定義できます。ということは、金銭債権と金銭債務は表裏一体の関係である、と表現することもできます。

たとえば、金銭債権の中には、売上から生じる営業債権である受取手形や売掛金がありますが、これは、仕入側からみれば、金銭債務のうちの営業債務である支払手形や買掛金です。また、金銭債権のうちの貸付金も、お金を借りている側からみれば、金銭債務である借入金です。

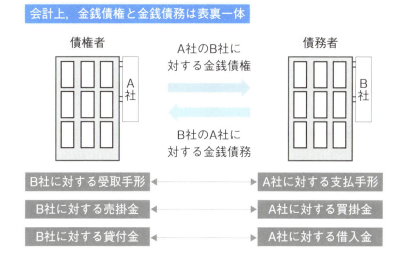

ところが、会計上の金銭債権と金銭債務の範囲はまったく同じではありません。その典型例が、銀行預金と社債です。

広い意味では、銀行預金は預金者からみた銀行への金銭債権ですし、

社債は社債権者からみた社債発行企業への金銭債権です。

　しかし，銀行預金は，預金者からみれば，支払手段という意味では現金とまったく同じであるため，会計上は金銭債権ではなく，現金・預金として取り扱います。

　また，社債は一般に譲渡可能であり，時価変動のリスクにも晒されていることから，第2章でみてきたとおり，会計上は金銭債権ではなく有価証券として取り扱い，保有目的区分を決めて，その区分に従って会計処理を行う必要があります。

　つまり，会計上は，債務者からみて金銭債務として取り扱う項目を，債権者からみて金銭債権として取り扱うとは限らないという点には注意が必要です。

　会計上の金銭債権，金銭債務の範囲について確認しておくと，次のとおりです。

金融資産・負債と会計上の金銭債権・金銭債務の範囲

会計上は現金・預金	金融資産		金融負債	会計上は
	預金		預金※	
	受取手形	会	支払手形	会
	売掛金	計上	買掛金	計上
	未収金	の金銭	未払金	の金銭
	貸付金	債権	借入金	債務
会計上は有価証券	公社債		社債	

※金融負債の預金は一般事業会社ではなく預金取扱機関の負債項目

第3章　金銭債権と金銭債務の会計処理　87

❸　金銭債権債務の種類

（1）債権と債券の違い

債権は「さいけん」と発音され，同じく「さいけん」と発音される債券とは紛らわしいですが，債権と債券は金融商品会計上，異なる金融商品です。

まず，「債券」は有価証券であり，一部の例外を除き，自由に譲渡することができます。また，債券は市場利回りなどに応じて価格が変動するため，会計上も「満期保有目的の債券」として区分した場合を除き，原則として時価会計の対象です（債券に関する3つの保有目的区分の会計処理については62ページをご参照ください）。

これに対し，「債権」は会計上の有価証券ではなく（例外的に有価証券に該当する場合もありますが，本書では取り上げません），手形を除き，自由に譲渡することが困難です。このため，債権は原則として時価会計の対象外であり，また，後述する「貸倒見積高」を計算する必要があります。

2つの「さいけん」

	債券	債権
商品性の特徴	有価証券であるため，多くの場合は市場を通じて第三者に転売することが可能	一般的に有価証券ではなく，そのままでは譲渡することが困難であることが多い
会計処理方法	3つの保有目的区分に応じて評価方法が異なる	時価評価の対象外で，貸倒見積高の算定が必要

なお，以下では「債権」と表現すべきところを「金銭債権」と記載している部分がありますが，これは，債券との違いを強調するとともに，「お金の請求権」であることを明らかにするという意味があります。

会計上の金銭債権としては，受取手形，売掛金，貸付金があります（厳密には，受取手形は法的には手形法に定める有価証券ですが，会計上は有価証券ではなく，金銭債権として取り扱います）。

代表的な金銭債権

売掛金	典型的な営業債権。多くの場合，商品・サービスの売上は終了しているが，入金がなされていない状態のもの
受取手形	典型的な営業債権。入金されていない売上高という意味では売掛金と同じだが，手形自体は裏書譲渡などが可能
貸付金	金銭消費貸借契約に基づく，利付金融資産の一種。一般事業会社の場合，子会社や関連会社などに貸し付けることなどが多い
未収金	一般に売掛金以外の短期的な金銭債権

（2）売掛金

売掛金とは，売上が計上されたものの，相手から入金がされていない状態の金銭債権です。

一般に売上は，商品の相手先への引渡し，サービスの提供が終わった時点で計上されます。しかし，企業間取引の世界では，商慣習上，すぐに入金されず，たとえば「月末締め・翌月末払い」（たとえば，その月1か月間の売上高を集計して請求書を送り，翌月の末日に銀行振込される），などの取引が行われるのが一般的です。

このとき，売上の一方で，金融債権としての売掛金が計上され，実際の入金時に消滅することになります（なお，売掛金を金銭債務側からみれば買掛金です）。

（3）受取手形

受取手形とは，売上代金を手形で受け取った場合の勘定科目です（な

お，受取手形を金銭債務側からみれば支払手形です)。

　手形とは，一定の期間後にお金を払うことを約束して発行する書面です。手形の振出人は，取引を行う時点でお金がなくても手形を発行することができるというメリットがあります。一方，手形を受け取った側も，手形の決済期日の前に，その手形を譲渡したり，換金したりすることができます。

　受け取った手形を，支払日が到来する前に第三者に譲渡することを，手形の**裏書**（または**裏書譲渡**）と呼びます。たとえば，A社が振り出した手形をB社が受け取ったときに，B社がこれをC社への仕入代金の支払いに充てるような使い方ができます（なお，裏書譲渡の世界では，このときのB社を「**裏書人**」，C社を「**被裏書人**」と呼びます）。

手形の裏書（うらがき）

受け取った手形を第三者に譲渡することができる。たとえば，B社はA社に対する売上代金として手形を受け取り，別のC社からの売上代金に充てる場合，A社が振り出した手形をB社がC社に「裏書譲渡」する，と表現する。

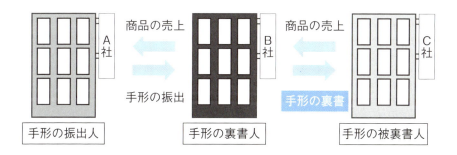

　また，手形を決済期日前に金融機関に持ち込んで換金することを，一般に手形割引と呼びます。このとき，金融機関は利息相当分を割り引いて入金することが一般的です。

手形の割引(わりびき)

受け取った手形を銀行などに持ち込んで換金することができる。たとえば、B社はA社に対する売上代金として手形を受け取り、取引先のD銀行に持ち込んで、利息相当分を割り引いて入金してもらう場合、これを「手形割引」と呼ぶ(金融機関側からみると「商業手形貸付」)

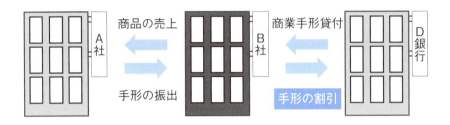

ただし、手形の裏書、割引のいずれの場合も、振り出したA社が期日に手形代金を払わなかった場合(つまり「不渡り」が生じた場合)、それを譲渡したB社が、C社やD銀行に対して手形代金を支払わなければなりません(これを手形法上は「**手形の遡及**」と呼びます)。

なお、手形の振出人が6か月間で2回の不渡りを出した場合、その手形の支払義務者は、2年間、当座勘定と貸出しの取引が停止されます。このように強いペナルティがあるため、手形には支払いの強制力があるとされることがあります。

手形の特徴と強制力

手形は転々流通させることが可能 →ただし、譲渡人は被譲受人に対して遡及的に履行責任を負う
手形の振出人が6か月間で2回の不渡りを出した場合、その振出人は、2年間、当座勘定と貸出の取引が停止される

（4）貸付金

貸付金とは，一般に金銭消費貸借契約に従って金銭を貸し付けた場合に計上される項目です。銀行等の金融機関が実行する証書貸付金や手形貸付金などが典型例ですが，一般事業会社においても，主に子会社や関連会社に対して運転資金や設備資金などの名目で金銭を貸し付ける場合や，主に役員や従業員などの会社関係者に対する福利厚生の一環として貸し付ける場合（いわゆる社内貸付制度）などがあります。

また，まれに取引先からの売上代金（売掛金，受取手形などの営業債権）の入金が滞った場合に，その取引先との協議により，その営業債権を貸付金に振り替えるような場合もあります。

（5）その他の金銭債権

ほかにも，売掛金，受取手形，貸付金以外の金銭債権としては，未収金（主に営業以外の取引から発生した金銭債権）や，立替金（主に役員や従業員が負担すべき社会保険料などを一時的に立替払いした場合の項目）などがあります。

これらに加えて，近年では手形を電子化した「電子記録債権」という制度もあります。この電子記録債権を受け取った場合，原則として「電子記録債権」などの勘定科目で表示することとされています。ただ，会計上の取扱いは，受取手形と大きく変わるところはありません。

（6）金銭債務の種類

会計上の金銭債権と同様，会計上の金銭債務にもいくつかの種類があります。

金銭債務は基本的に，上記で説明した金銭債権と対になっている場合が多いものの，会計上の金銭債務の範囲は会計上の金銭債権と比べてやや広いといえます。

| 代表的な金銭債務 |

買掛金	典型的な営業債務。多くの場合，商品・サービスの仕入は終了しているが，支払がなされていない状態のもの
支払手形	典型的な営業債権。支払いが終了していない仕入という意味では買掛金と同じだが，手形を振り出しているもの
借入金	金銭消費貸借契約に基づく，利付金融負債の一種。一般事業会社の場合，銀行からの借入金が多い
社債	一般に資本市場からお金を調達する手段としての利付金融負債.社債権者は転々流通する
未払金	一般に買掛金以外の短期的な金銭債務

4 金銭債権債務の会計処理

　金銭債権債務の会計において重要な論点は，「**どの時点で金銭債権債務の発生を認識するか**」，という点です。

　会計上，売掛金は商品やサービスを売り上げた時点で，未収金は金銭債権が発生した時点で，それぞれ認識されます。これと同様に，買掛金は商品やサービスを仕入れた時点で，未払金は支払義務が発生した時点で，それぞれ認識されます。

売掛金・買掛金の例

X1年3月1日，A社はB社に対し，販売価格100万円，月末締め・翌月末払いの条件で，商品を納品し，A社は売上を，B社は仕入を計上した。

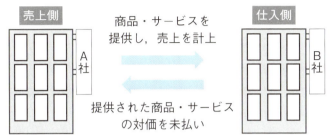

A社のX1年3月1日の会計処理

売掛金	100万円	売上	100万円

B社のX1年3月1日の会計処理

仕入	100万円	買掛金	100万円

一方，受取手形は受け取った時点で，支払手形は振り出した時点で，それぞれ発生が認識されます。

受取手形・支払手形の例

X1年3月15日，C社はD社に対し100万円で商品を納品し，D社はC社に手形を交付し，その時点でC社は売上を，D社は仕入を計上した。

C社のX1年3月15日の会計処理

受取手形	100万円	売上	100万円

D社のX1年3月15日の会計処理

仕入	100万円	支払手形	100万円

　これらに対し，貸付金はお金を貸す契約（金銭消費貸借契約）を締結した時点ではなく，実際にお金を貸した時点で発生を認識します。

　この点，売買する契約を行った時点で発生を認識することとされてい

る有価証券とは取扱いが異なりますが（詳しくは65ページ以降の「約定日基準と修正受渡日基準」参照），その理由は，貸付金については時価会計の対象外であり，契約締結時点から実際にお金の授受が行われるまでの期間の時価変動を認識する必要はないからです。また，同じ理由で，借入金や社債も，お金を受け取った時点で認識されます。

貸付金・借入金の例

X1年３月１日，E社はF社に対し，１億円を貸し付けるという金銭消費貸借契約を締結し，３月15日に融資が実行された。

X1年３月１日

（E社，F社ともに仕訳なし）

E社のX1年３月15日の会計処理

貸付金	１億円	/	現金預金	１億円

F社のX1年３月15日の会計処理

現金預金	１億円	/	借入金	１億円

⑤ 経過利息の計上

ところで，会計上の金銭債権や金銭債務は，大きく，**営業から発生する項目**（受取手形・支払手形，売掛金・買掛金，未収金・未払金など）と，**投資・財務活動から発生する項目**（貸付金・借入金，負債側の社債，転換社債など）に分けられます。

営業債権，営業債務	営業活動から発生する債権・債務

例：売掛金，受取手形，未収金，買掛金，支払手形，未払金

営業外債権，営業外債務	投資・財務活動から発生する債権・債務

例：貸付金，借入金，（負債側の）社債，転換社債等

一般に，営業活動から発生する金銭債権や金銭債務は，回収期間・支払期間が数か月程度であり，利息が付かないケースが圧倒的多数を占めます（ただし，後述するように，利息が発生するケースもあります）。

これに対し，投資・財務活動から発生する金銭債権や金銭債務の場合，利息が発生することが一般的です。このように，利息が発生する金銭債権や金銭債務のことを，一般に「利付金融商品」と呼びます。

利付金融商品とは？	金銭債権債務のうち，利息が発生する項目のこと
資産：貸付金，公社債，預金など，受取利息が発生する項目	
負債：借入金，社債など，支払利息が発生する項目	
その他：デリバティブ取引のうち金利スワップなど	

多くの場合，利息の受取りや支払い（つまり利払い）は，年に2回発生します。たとえば，銀行預金の場合，2月と8月に預金利息が発生することが多く（ただし，すべての預金がそうとは限りません），また，借入金や公社債も，多くの場合，年2回の利払いが発生します（商品によっては利払いが年4回発生する場合や，毎月発生する場合もあります）。

金融商品会計上は，利付金融商品については，決算日に**経過利息**を計上する必要があります（債券の場合は「**経過利子**」と表現する場合もあります）。

これは，決算日から次回利払日までの利子・利息を計算して，未収利息，あるいは未払利息として計上するという会計処理です。

経過利息（けいかりそく）とは

決算日から次回利払日までの利息を計上する会計処理。たとえば，３月末決算の会社が，銀行からの借入金（利払日は６月末と12月末の年２回）の利息を計上する例がある。

前回利払日	決算日	次回利払日
３か月分		
12月30日	3月31日	6月30日

契約上は６月30日に６か月分の金利を支払うことになっているが，３月末時点で３か月分の利息を経過勘定（未払利息）として計上することが必要。

　会計上，金銭債権であれば未収利息，金銭債務であれば未払利息を計上する必要があります。

未収利息，未払利息の会計処理の例

※いずれの事例の会社も３月末決算であると仮定する。また，本来なら経過利息は日割りで計上する必要があるが，ここでは便宜上，月割りで計上することとしている。

ケース①　A社は５年前から子会社に100万円のお金を貸している。金利は４％で利払いは年２回（６月末と12月末）とする。

未収利息	1万円 ／ 受取利息	1万円

（根拠）　前回利払日（12月末）から決算日（３月末）までの３か月分を計上する。100万円×４％×（３か月÷12か月）＝１万円

ケース②　B社は額面100万円の公社債を保有しており，クーポンは４％で利払いは年２回（６月末と12月末）とする。

未収利息	1万円 ／ 有価証券利息	1万円

（根拠）　前回利払日（12月末）から決算日（３月末）までの３か月分を計上する。100万円×４％×（３か月÷12か月）＝１万円

ケース③　C社は10年前より銀行から１億円を借りており，利率は６％で利払いは年２回（８月末と２月末）とする。

| 支払利息 | 5000万円 | 未払利息 | 5000万円 |

(根拠) 前回利払日（2月末）から決算日（3月末）までの1か月分を計上する。1億円×6％×（1か月÷12か月）＝5000万円

ケース④ D社は額面100万円の社債を発行しており、クーポンは6％で利払いは年2回（5月末と11月末）とする。

| 社債利息 | 2万円 | 未払利息 | 2万円 |

(根拠) 前回利払日（11月末）から決算日（3月末）までの4か月分を計上する。100万円×6％×（4か月÷12か月）＝2万円

なお、一般に営業債権や営業債務の場合、金利が含まれない場合が多いものの、支払いまでの期間が数年と長く、金利部分が含まれるケースもあります。このような場合、金利の金額が重要であれば、会計上は金利部分を区分して処理する必要があります。

次の例で会計処理をみてみましょう。

売上債権に金利部分が含まれる場合の会計処理

例：A社（3月末決算）はB社に対して、X1年7月1日に製品を納品した。契約上、販売価格は100億円だった。A社はB社から、2年後のX3年6月30日に支払われる108億円の手形を受け取った。

- 売上高：100億円
- 手形額面：108億円

年4％相当の金利が含まれている
（※便宜上、単利とする）

この場合、手形額面（100億円）と売上高（108億円）の差額（8億円）を、2年分の金利であると認識する（なお、便宜上、月割りでの定額按分とし、貸倒引当金は考慮しない）。

X1年7月1日の会計処理

受取手形	108億円	売上	100億円
		前受利息	8億円

X2年3月31日の会計処理

前受利息	3億円	受取利息	3億円

※利息　8億円×（9か月÷24か月）＝3億円

X3年3月31日の会計処理

前受利息	4億円	受取利息	4億円

※利息　8億円×（12か月÷24か月）＝4億円

X4年6月30の会計処理

現金預金	108億円	受取手形	108億円
前受利息	1億円	受取利息	1億円

※利息　8億円×（12か月÷24か月）＝4億円

2 貸倒れの会計

ポイント

- 貸倒リスクとは，信用リスクにより金銭債権が回収できない可能性のことをいう
- 一般債権，貸倒懸念債権，破産更生債権に分けて，貸倒見積高を算定する

① 信用リスクと貸倒れとは？

　金銭債権の中で非常に重要なものは，**貸倒引当金の設定と債権の直接減額に関する論点**です。

　金銭債権とは，「相手に対してお金を払ってくれと請求する権利」のことです。このため，**会計上は，「相手がお金を支払う能力」をチェックすること**が非常に重要です。というのも，相手の経営状態が悪化すれば，貸借対照表に計上されている金銭債権が回収できなくなることもあるからです。

　そして，「相手の信用状態が悪化するなどして，約束したお金を払ってもらうことができない可能性」のことを，専門用語で「信用リスク」と呼びます。

| 信用リスクとは？ | 相手先の信用状態が悪化することで，約束したお金を払ってもらうことができなくなる危険性のこと。 |

| 例：BさんがAさんに対してお金を貸し，AさんがBさんに，1年後に利息を付けてお金を返す約束をした。その後，Aさんは商売に失敗し，Bさんにお金を返せなくなった。 |

　この信用リスクは，基本的に，すべての金銭債権に関わってきます。なぜなら，金銭債権は「人の人に対する請求権」であり，相手が人（や法人）である以上，その相手の事情で，お金が返ってこないかもしれないからです。

　この時に考えなければならないのが，「貸倒れ」，「貸倒見積高」「貸倒引当金」です。

　貸倒れとは，相手が約束したお金の一部または全部を払ってくれない現象です。具体的には，売上代金が回収できなかったり，手形が不渡りになったりするような場合が貸倒れです。

| 貸倒れとは？ |

| 貸倒れとは，相手が約束したお金の全額を払ってくれないこと。全額が回収できない場合もあれば，元本や金利の一部分が回収できない場合もある |

| 貸倒れの代表的なパターン |

| 売上代金（売掛金）が回収できないこと |

| 相手が振り出した手形が不渡りとなること |

❷ 貸倒見積高と貸倒引当金

　金銭債権が「人の人に対する金銭の請求権」である以上，相手先が倒産すれば，とりはぐれてしまうこともあります。このため，金銭債権と貸倒リスクは切っても切れない関係にあります。

　実際に，金銭債権をとりはぐれてしまったら，その金額は「貸倒損失」として計上されます。

　しかし，実際にとりはぐれてしまう前には，その請求先企業の経営状態には危ない兆候が出ているはずです。

　そこで，金融商品会計上，企業は自社が保有する金銭債権について，どの程度の確率でいくらの貸倒れが発生するかを毎期見積もり，それを債権に反映する必要があります。

　この見積金額が「**貸倒見積高**」であり，貸倒見積高に従って，**貸倒引当金**を設定します。貸倒引当金は「引当金」と呼ばれていますが，貸借対照表上は，負債に計上されるものではなく，債権の減額としてマイナス表示されることが一般的です。

貸倒見積高	期末時点で自社が保有する金銭債権について，どの程度の確率でどのくらいの貸倒れが発生するかを見積もった金額
貸倒引当金	債権の評価勘定として，期末債権について将来顕在化する損失のうち，期末までにその原因が発生しているものの損失見込額を計上するもの

（1）債権の3つの区分

　貸倒見積高の計算にあたっては，まず債権を**一般債権**，**貸倒懸念債権**，**破産更生債権等**の3つに区分し，それぞれの区分に応じて，貸倒れが発生する可能性を見積もります。

一般債権とは，経営状態に重大な問題が生じていない債務者に対する債権のことです。

　具体的には，主に経営状態にまったく問題がない相手先に対する債権や，経営状態に軽微な問題はあるものの，貸倒懸念債権にまでは該当しない債権までが含まれます。

　貸倒懸念債権とは，①経営破綻の状態には至っていないものの，債務の弁済に重大な問題が生じている債務者に対する債権や，②重大な問題が生じる可能性が高い債務者に対する債権のことです。

　この場合，一般債権と比べて貸倒れが発生する可能性が上昇するため，貸倒見積高の計算も慎重に行う必要があります。

　破産更生債権等とは，①すでに経営破綻状態に陥っている債務者に対する債権や，②実質的に経営破綻に陥っている債務者に対する債権のことです。

一般債権	経営状態に重大な問題が生じていない債務者に対する債権
貸倒懸念債権	経営破綻の状態には至っていないが，債務の弁済に重大な問題が生じているか，または生じる可能性の高い債務者に対する債権
破産更生債権等	経営破綻または実質的に経営破綻に陥っている債務者に対する債権

（2）貸倒見積高の会計処理の概要

　貸倒見積高を見積もる場合，「**個別引当法**」（個別債権ごとに見積もる方法）と，「**総括引当法**」（債権をまとめて過去の貸倒実績率により見積もる方法）があります。

一般的には,一般債権には総括引当法,貸倒懸念債権や破産更生債権に対しては個別引当法が用いられます。また,貸倒引当金の繰入れや取崩しの処理は,引当ての対象となった債権の区分ごとに行う必要があります。

そのうえで,貸倒見積高については,一般引当金,個別引当金,直接減額のいずれかの方法で金銭債権の取得価額から控除されます。

ただし,債権の回収可能性がほとんどないと判断された場合には,貸倒損失額を債権から直接減額し,その債権について前期以前に設定された貸倒引当金がある場合には,貸倒損失額と相殺する会計処理が必要です。貸倒引当金の金額が貸倒見積高を上回っている場合には貸倒引当金を取り崩し,貸倒引当金の金額が貸倒見積額を下回っている場合には,貸倒引当金を追加で設定します。

貸倒見積高の会計処理

貸倒見積高を計算し,その金額は一般引当,個別引当,直接減額のいずれかの方法で処理される

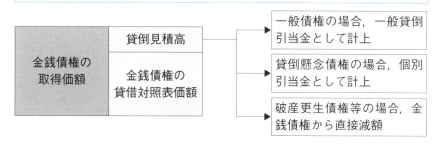

なお,貸倒損失額や貸倒引当金繰入額は,貸倒引当金の設定対象となる債権が営業債権である場合には営業費用に,営業外の取引に基づく債権である場合には営業外費用に計上します。

貸倒引当金の残高と会計処理の関係

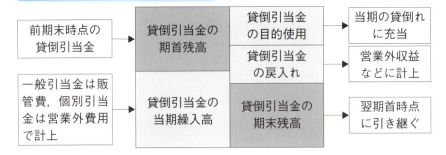

　以下では，一般債権，貸倒懸念債権，破産更生債権等の３つの区分について，具体的な貸倒見積高の計算方法を確認していきましょう。

❸ 一般債権の貸倒見積高

（１）債権をある程度まとめる

　一般債権の場合，個々の金銭債権の信用リスクは高くありません。そのような個別の金銭債権について，１つひとつ，信用リスクを見積もって計算するのは，実務的ではありません。

　そこで，一般債権の場合は，過去の貸倒実績率などを使い，債権全体に対して貸倒見積高を計算する方法が一般的です。

　その際，一般債権全体に同じ貸倒実績率を適用することもあれば，「同種の債権」（たとえば売掛金や受取手形，貸付金，未収金など）ごとや，「同類の債権」ごと（たとえば売掛金や受取手形などの営業債権と貸付金や未収金などの営業外債権）に貸倒実績率を適用する方法などがあります。

　また，債権の状況に応じて，社内で信用リスクのランク付けをし，そ

のランクに従った貸倒実績率を適用するなどの精緻な方法を採用することも可能です。

貸倒実績率の適用方法・いろいろ

①一般債権全体に同じ引当率を適用して貸倒見積高を計算する方法

一般債権 ×引当率＝貸倒見積高

一般債権の全体に一律で引当率を掛けて貸倒見積高を計算する方法。それほど精緻な方法ではない

②一般債権を同種の債権に区分して，貸倒見積高を計算する方法

一般債権を同種の債権に区分し，それぞれの種類に応じて貸倒実績率を掛けて貸倒見積高を計算する方法

③一般債権を同類の債権に区分して，貸倒見積高を計算する方法

「同類の債権」（「同種の債権」よりも大きな区分）を適用する方法

④一般債権を信用リスクのランク付け（内部格付）に区分する方法

社内で一般債権を信用力に応じてランク付けし（いわゆる内部格付），その内部格付に従って貸倒見積高を計算する方法

（2）貸倒実績率の算定

一般債権の場合，貸倒実績率は，「ある期の期末日から数えて，一定の期間以内に貸倒れが発生する可能性」として定義されますが，この「一定の期間」のことを**算定期間**と呼びます。

算定期間としては，債権の平均回収期間が妥当です。ただし，平均回収期間が1年以下である場合には，1年として計算する必要があります。

貸倒実績率の計算と「算定期間」

- 一般債権の場合，貸倒実績率は，「ある期の期末日から数えて，一定の期間以内に貸倒れが発生する可能性」として定義され，この「一定の期間」のことを算定期間と呼ぶ。
- 算定期間としては，債権の平均回収期間が妥当であるとされるが，平均回収期間が1年以下である場合には，1年として計算することが必要。

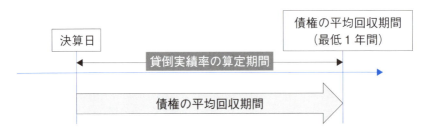

そのうえで，貸倒実績率は，その期を含めて過去2～3年分の平均値を使うこととされています。

一般債権に適用する貸倒実績率

当期末までの算定期間を含め，過去2～3算定期間分の実績率の平均値を適用する

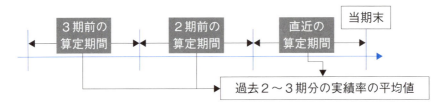

❹ 貸倒懸念債権の貸倒見積高

　一般債権と比べて貸し倒れる懸念が高まっている債権が，貸倒懸念債権です。この債権は，一般債権と異なり，貸倒見積高の計算も，もう少し厳格に行うことが必要です。

　貸倒懸念債権とは，経営破綻の状態には至っていないものの，債務の弁済に重大な問題が生じているか，それが生じる可能性が高い債務者に対する債権のことです。

　ここで，「債務の弁済に重大な問題が生じている」とは，たとえば債務の弁済が1年以上延滞している場合や，弁済条件の大幅な緩和（たとえば弁済期間の延長，元利金の一部の免除など）を行っている場合が含まれます。

　また，「債務の弁済に重大な問題が生じる可能性が高いこと」とは，実際に債務の延滞や条件緩和が生じていなくても，業況が低調・不安定である場合や，財務内容に問題があるような場合（特に債務超過状態の場合）など，債務を条件どおりに弁済することができない可能性が高いことを指します。

貸倒懸念債権として認定される場合とは？

①債務の弁済に重大な問題が生じている場合

例	債務の弁済がおおむね1年以上延滞している場合
	債務者に対し弁済条件の大幅な緩和を行っている場合（たとえば，弁済期間の延長，弁済の一時棚上げ，元利の一部の免除）

②債務の弁済に重大な問題が生じる可能性が高い場合

例	業況が低調ないしは不安定であること
	財務内容に問題があり（たとえば債務超過の場合），債務の一部を条件どおりに弁済することができない可能性が高いこと

　貸倒懸念債権に関する貸倒見積高の計算の基本的な考え方としては，**財務内容評価法**と**キャッシュ・フロー見積法**の２つの方式があります。

　財務内容評価法とは，まず，担保や保証で回収できると見込まれる額を見積もり，債権額からその見積額を控除した残額部分について，債務者の信用状態を見極めて，貸倒見積高を算定する方法です。

　債務者の信用状態を見極める方法としては，たとえば，債務者から得た財務諸表をもとにして，その債務者の実態的な貸借対照表を作成し，その貸借対照表に基づいて債務弁済能力を判断するなどの方法が考えられます（これについては，72ページで紹介した「時価のない株式の減損処理」の考え方もご参照ください）。

　ただ，債務者の支払能力を正確に判断するための資料が得られないことも，往々にしてあります。そこで，初めて貸倒懸念債権とした期には，「残額部分」に対して50％を引き当て，次年度以降，毎期見直すといった簡便法を採用することも考えられます。

財務内容評価法

貸倒懸念債権	担保や保証で回収できる部分
	残額部分

- 債務者の支払能力を総合的に判断することが必要
- 正確に判断できない場合，初年度に50％を引き当て，次年度以降に毎期見直すなどの簡便法も適用可能

一方，キャッシュ・フロー見積法とは，債権の元本や利息のキャッシュ・フロー自体を合理的に予想することができる場合に適用する方法です（「割引キャッシュ・フロー法」とも呼ばれます）。

具体的には，債権の回収可能性が低下した（貸倒リスクが高まった）場合に，債権の回収可能性が低下する前の割引率で現在価値を再計算する方法です。

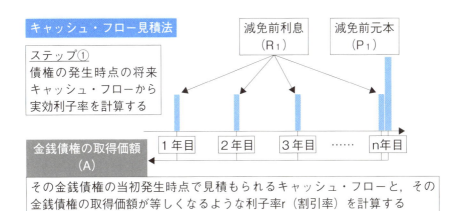

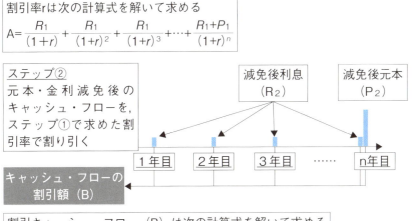

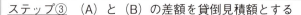

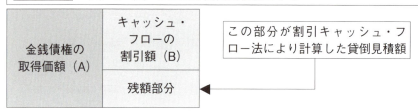

ところで、この「実効利子率r」は、表計算ソフトの「ゴールシーク機能」を使って簡単に求めることができます。

「5年間、毎年1回100の利息が発生し、5年後に1,000の元本が返ってくるという金銭債権を、900の値段で購入した」という事例を使い、実効利子率rを求めてみましょう。

表計算ソフト上、Aの列（A1～A5）にこの金銭債権から得られるキャッシュ・フローを入力し、Bの列（B1～B5）に割引計算式を入力します。このようなシートを作っておけば、A7セルの値を動かすだけで、キャッシュ・フロー全体の合計額（B6セル）は自動で変化します。そして、「ゴールシーク機能」を使い、B6（数式入力セル）が900になるように目標値を設定し、A7の値を「変化させるセル」に設定すれば、表計算ソフトが自動的に、A7の値を「0.128314…」（つまり約12.83％）と計算してくれます。

	A	B
1	100	＝A1／(1+A7)
2	100	＝A2／(1+A7)^2
3	100	＝A3／(1+A7)^3
4	100	＝A4／(1+A7)^4
5	1,100	＝A5／(1+A7)^5
6		＝SUM（B1：B5）
7	実効利子率	

ゴールシーク	
数式入力セル	B6
目標値	900
変化させるセル	A7

このA7の値が、求めるべき実効利子率です。

なお，金銭債権の取得価額と償還元本が一致している場合，実効利子率は年間の利率とほぼ一致します（つまり，上の事例で取得価額を1,000とすれば，実効利子率は約10％と算定されます）。

❺ 破産更生債権等の貸倒見積高

破産更生債権等の場合，すでに債務者は経営破綻しているため，基本的に全額が貸倒見積高と算定されます。

ただし，担保や保証により回収できる見込額がある場合には，その金額を除いた部分の全額が貸倒見積高となります。

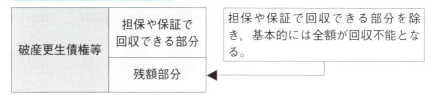

❻ 利息の不計上

以上，信用リスクが高まった場合には，金銭債権については貸倒見積高を計算し，貸倒引当金を設定するか，直接減額をするなどの会計処理が必要であることを確認しました。

ところで，金銭債権の中でも，貸付金などの利付金融資産については，これに加えて，利息の計上が問題となることがあります。具体的には，相手の信用力が悪化してしまって利息を支払ってもらえなくなったような場合です。

その具体的な判断基準としては，次のようなものがあります。

① 契約で決められたはずの利払日を過ぎても，相手先から利息の入金が得られないような場合（一般には6か月から1年程度，利払いが延滞しているような場合）

② 破産更生債権等となってしまった場合

③ 利払日を延長したり，利息を元本に加算したりした場合

　このような場合，利付金融資産については経過利息を計上せず，また，すでに未収利息を計上してしまった場合にはそれを当期の損失として処理する必要があります。

利息の不計上

利息を計上してはならない場合の例	利息が延滞している債権（契約上の利払日から6か月〜1年程度期間が過ぎているのに利払いがないような場合）
	破産更生債権等となってしまったような場合
	利払日を延長した場合や利息を元本に加算した場合

原則的な会計処理	●当期の未収利息を計上した場合にはそれを取り消す ●前期以前に計上された未収利息は，貸倒損失の計上や貸倒引当金の目的使用として処理する

第3章　金銭債権と金銭債務の会計処理　113

3 金銭債権債務の消滅

ポイント

- ●通常であれば，金銭債権債務はお金の授受により消滅する
- ●金銭債権を購入した際に金利調整の会計処理が必要となることもある

① 金銭債権債務の消滅要件

　金融商品会計で重要な論点の1つに，金融商品の消滅があります。

　金融商品会計には，金融商品の「消滅要件」という規定が設けられています。

　金融商品会計上，金融資産の消滅の場合は，

① 　金融資産の契約上の権利を行使したとき

② 　契約上の権利を喪失したとき

③ 　権利に対する支配が他に移転したとき

とされています。

　また，同様に，金融負債の消滅の場合も，

① 　金融負債の契約上の義務を履行したとき

② 　契約上の義務が消滅したとき

③ 　第一次債務者の地位から免責されたとき

とされています。

　有価証券の場合は，「約定日基準と修正受渡日基準」の節（65ページ

参照）でも触れたとおり，売買契約をしてから実際に有価証券の受渡しが終了するまで，数営業日を要するのが一般的です。そして，有価証券は満期保有目的の債券や子会社・関連会社株式を除き，時価会計の対象であり，有価証券の受渡しが終了していなくても時価変動リスクを負っているため，原則として約定日基準で認識する必要がありました（ただし，時価変動のみを認識する修正受渡日基準も認められます）。

これに対し，金銭債権や金銭債務の場合，原則として時価会計の対象外です。このため，金銭債権や金銭債務については，基本的に資金の貸借日や取引の発生日に発生を認識し，資金の返金日に消滅を認識すればよいことになります。

金銭債権債務の発生と消滅の特徴（有価証券との違い）

有価証券の場合	原則として受渡日ではなく，約定日に発生や消滅を認識しなければならない （理由）　有価証券は時価会計の対象であるため（満期保有目的の債券と子会社・関連会社株式を除く）
金銭債権債務の場合	●貸付金や借入金は資金の貸借日に発生を認識し，資金の返済日に消滅を認識する （理由）　金銭債権債務は時価会計の対象外であるため ●商品の売買やサービス提供の対価（売掛金，買掛金）は取引日に発生を認識し，支払日に消滅を認識する ●受取手形は手形受取日，支払手形は手形発行日に発生を認識し，いずれも決済日に消滅を認識する ●なお，受取手形については手形の裏書や割引を行った時にも消滅を認識する

通常の場合であれば，金銭債権債務の消滅を認識するのは，金銭債権については相手方からお金を受け取ったときや貸し倒れたとき，金銭債務については相手方にお金を支払ったときであると覚えておけばよいでしょう。

❷ 手形の割引と裏書

受取手形の項で見たとおり、手形は期日前であっても、銀行に持ち込んで割り引いてもらったり、裏書したうえで第三者に譲渡したりすることができます。ただし、この場合は、手形が不渡りになった場合の責任を負うことになります。

そこで、会計上は、手形の割引や裏書によって新しく二次的な責任が発生したものとして、その金額を時価評価して認識することが必要です。

この手形の割引や裏書に伴う二次的な責任のことを、会計上は**保証債務**と呼びます。

たとえば、Aさんが振り出した手形をBさんが受け取り、それを第三者であるCさんに裏書譲渡した場合、Aさんが手形の不渡りを発生させたときに、CさんはBさんに遡って、手形代金の支払いを求めることができます（これを遡及と呼びます）。

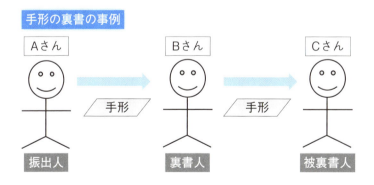

つまり、Bさんとしては、手形を転売したつもりでも、Aさんの信用リスクを、Cさんに対して連帯して負っているような状態になっていま

す。こうしたCさんに対する二次的な責任のことを，会計上は**保証債務**と呼び，会計上，負債として計上することが必要です。

　会計上，手形の譲渡（つまり，手形割引や手形の裏書譲渡）を行った場合には，これによって新たに発生する保証債務を時価評価して認識し，その金額を保証債務費用として計上します。また，割引などに際して利息を支払った場合には，その金額を手形売買損益として計上する必要があります。

　なお，売掛金や受取手形などの売上債権に「重要な金利部分」が含まれている場合，その利息部分については売上高と区別して，利息として処理しなければなりません。

　たとえば，一部の業種では業界慣行上，売上代金の入金が数年後となるようなケースもあります。そして，売上代金だけでなく，利息相当額を支払う契約となる場合があります。このような場合，本来の売上代金とは別に，その利息相当額を，受取利息として処理する必要があります。

　ここで，利息相当額の手形の譲渡（銀行割引）が行われた場合の会計処理の事例を確認してみましょう。

第3章　金銭債権と金銭債務の会計処理　117

手形売買損益	手形の譲渡を行った場合，これにより新たに発生した保証債務を時価評価して認識し，保証債務費用として処理するとともに，利息などのコストを売却損として計上する

例：A社はX1年4月1日に，取引先B社に100億円の商品を納品し，1年後のX2年3月31日に満期が到来する手形を受け取った。その際，手形の額面は1年分の金利3％を加えて，103億円だった。A社はこの手形を即日，取引先の銀行に持ち込んだところ，銀行はこの手形を5％（103億円×5％＝5.15億円，利息前払い）で割り引いた。

手形を受け取った日付	X1年4月1日
手形の満期日	X2年3月31日（1年後）
B社からの利息と利率	利息額は3億円，利率は3％
銀行に支払う利息	利息額は5.15億円，利率は5％
保証債務の時価	B社が倒産する確率が1％と見積もられたため，保証債務の時価は額面の1％（1.03億円）とする。

X1年4月1日の会計処理（売上代金としての手形の受取）※

受取手形	103.00億円	売上	100.00億円
		未収利息	3.00億円

X1年4月1日の会計処理（手形の割引）

現金預金	97.85億円	受取手形	103.00億円
保証債務費用	1.03億円	保証債務	1.03億円
手形売却損	5.15億円		

※ なお，売掛金や受取手形などの売上債権に重要な金利部分が含まれている場合，その利息部分については売上高と区別して，利息として処理しなければならない

❸　金銭債権の購入と償却原価法

　一般に金銭債権は自由な売買が難しいとされていますが，第三者に転売する場合もないわけではありません。

　たとえば，実務上，市場の実勢金利や債務者の信用リスクなどを反映して，債権金額と異なる価額で債権を取得することがあります。この場

合，**金銭債権であっても債券に準じて償却原価法を適用することが必要**です。

> **金銭債権と償却原価法**
>
> 金銭債権を第三者から購入した場合であって、債権の支払日までの金利を反映して購入金額と債権金額が異なる場合、償却原価法に基づき会計処理を行う必要がある。

たとえば、何らかの金銭債権（営業債権など）を第三者から購入する際に、金利相当として割り引いて取得することがあります。この場合、購入金額と債権金額の差額を金利として、各期に合理的に按分する必要があります。

買入金銭債権と償却原価法

例：A社（3月末決算）はX1年7月1日に、B社を債務者とする金銭債権（債権金額100億円、支払日はX3年6月30日）を92億円で購入した。

購入金額：92億円　　年4％相当の金利が含まれている
債権金額：100億円　　（※便宜上、単利とする）

この場合、購入金額（98億円）と債権金額（100億円）の差額（8億円）を、2年分の金利であると認識する（なお、便宜上、月割りでの定額按分とし、貸倒引当金は考慮しない）。

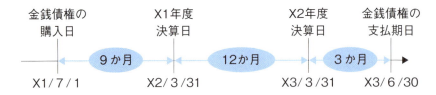

第3章　金銭債権と金銭債務の会計処理　119

X1年7月1日の会計処理

| 金銭債権 | 92億円 | ／ | 現金預金 | 92億円 |

X2年3月31日の会計処理

| 金銭債権 | 3億円 | ／ | 受取利息 | 3億円 |

※利息　8億円×（9か月÷24か月）＝3億円

X3年3月31日の会計処理

| 金銭債権 | 4億円 | ／ | 受取利息 | 4億円 |

※利息　8億円×（12か月÷24か月）＝4億円

X4年6月30の会計処理

| 金銭債権 | 1億円 | ／ | 受取利息 | 1億円 |
| 現金預金 | 100億円 | ／ | 金銭債権 | 100億円 |

※利息　8億円×（12か月÷24か月）＝4億円

財務構成要素アプローチ

　金融商品会計では,「財務構成要素アプローチ」の考え方が採用されています。これは,法的な売買と会計上の売買を分けて認識するという考え方です。たとえば,受取手形を第三者に売却したような場合に,「手形」という「金銭債権」は消滅したものの,「遡及義務」という「新しい負債」が発生した,と認識する考え方です。

　このような考え方が導入されている理由は,経済社会の進展に伴い,従来の法律だけでは捉えきれないような,さまざまな取引が行われているからです。たとえば,指名債権を譲渡する場合,債務者に対して通知するか承諾を取らなければ,「第三者対抗要件」を備えることはできないとされていますが,これだと債権を早く換金したいと思っている人にとっては不便です。印紙税その他の問題から手形取引は年々減少していますが,商取引の現場では,従来の手形の裏書に代わる債権譲渡のニーズは強いといえます。

　こうした中,「財務構成要素」の考え方は,金融商品会計が法形式にこだわるのではなく,経済的な実態を重視していることのあらわれだともいえるでしょう。

第 **4** 章

デリバティブと
ヘッジ会計の要点

1 デリバティブは難しくない！

> **ポイント**
> - 会計上のデリバティブは「特徴」で定義される
> - デリバティブには大きく分けて，先物，スワップ，オプションがある
> - デリバティブも1つずつ理解すれば決して難しくない

❶ デリバティブとは何者か？

　経済に関する新聞や雑誌などを読んでいると，ときどき「企業がデリバティブから巨額の損失を発生させた」というニュースを見かけることがあります。その意味で，金融に詳しくない人からすれば，デリバティブとは「何となく怪しいものだ」，あるいは「何となく怖いものだ」，などと思うこともあるかもしれません。

　しかし，「市場価格が変動して損失が生じるかもしれない」という意味では，株式や債券，為替などの一般的な金融商品もまったく同じです。「市場価格変動があるから現物金融商品よりリスクが高い」との議論は，前提条件から間違っているわけです。

　これに加えて，多くの企業にとって，「デリバティブは企業経営に無関係だ」とも言っていられない事情もあります。たとえば，外国と貿易を行ったり，外国に子会社を設立したりする企業がずいぶんと増えてきましたが，為替リスクが大きくなってくれば，企業はその為替リスクを

きちんと管理することが必要です。

この点，デリバティブをうまく使えば，損失を削減することができる場合もあります。そこで，以下ではデリバティブそのものについての定義に加え，会計上の注意点について触れていくこととします。

まずは，デリバティブの基本的な仕組みを確認したうえで，その会計処理の概要を紹介していきましょう。

❷　デリバティブの意味と分類

デリバティブ（derivative）とは，本来，「派生物」，「副次的なもの」という意味があります。金融商品の世界で「デリバティブ」とは，金融商品や金融指標（たとえば株価，債券・金利，外国為替相場，石油やトウモロコシなどの商品等）から「派生した商品」を指します。

デリバティブ取引には，**原資産（指標を参照するもとになる金融商品など）**が存在することが多く（もちろん，そうでないケースもありますが），いわば市場で取引される「値段」そのものを商品化したものだと考えると，わかりやすいかもしれません。

たとえば，多くの場合，上場株式は日々価格が変動しますが，その株価変動そのものを商品化することが考えられます。

株式を保有していれば，「株価が下落した時に自分が持っている株式の価値が下がる」という関係にありますが，デリバティブを使えば，「株価が下落した時に価値が上昇する」という経済的効果を得ることもできます。

例：X1年4月1日時点で200万円だった株価が，X2年3月31日時点で150万円に下落した。

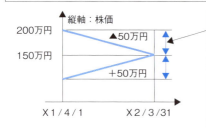

通常，株価が下落すれば株主は損をする（この設例だと50万円の損をする）

しかし，デリバティブをうまく使えば「株式の値段が下がれば利益が出る」という「逆ポジション」を作ることができる（ショート・ポジション）

　代表的なデリバティブとしては，「先物」「スワップ」「オプション」があります。

　先物とは，将来の一定時点で，ある資産を決められた値段で買う約束です。

　また，スワップとは，キャッシュ・フローそのものの交換であり，たとえば変動金利と固定金利を交換する取引などがその代表格です。

　さらに，オプションとは，将来，ある商品を売買する「権利」そのものを売買することです。

先物	あらかじめ決められた期日に，特定の商品を，あらかじめ決められた価格で売買する取引
スワップ	キャッシュ・フローそのものの交換（たとえば固定金利を変動金利に変換する取引）
オプション	ある指数や金融商品に関する，売買する権利そのものの売買取引
その他	先物，スワップ，オプションなどのカテゴリーに当てはまらないデリバティブ（たとえばCDS）

❸ 先物取引

先物取引とは、**あらかじめ決められた期日に、特定の商品を、あらかじめ決められた価格で売買する取引**のことです。

具体例としては、たとえば、「現時点で100円の株式を、将来（1か月後など）に100円で買う契約」があります。

現実には、株式の時価は常に変動しています。仮に、この先物契約があれば、たとえ株価が200円に上昇していたとしても、この人は1株100円で株式を買うことができるのです。

一方、先物は「売り」もできます。たとえば、「現時点で200円の株式を、将来（1か月後など）に200円で売る契約」というものもあります。

　この場合,「あらかじめ決められた期日」が到来したときに, 株価が下落していれば, 市場から安くなった株式を買ってきて, あらかじめ約束した高い値段で株式を売りつけることができるのです。

　先物取引は,「買い」の場合は原資産価格が上昇すれば儲かり, 下落すれば損をします。そして,「売り」の場合は, この関係が逆転します。

区分	原資産価格上昇	原資産価格下落
先物の買い	利益	損失
先物の売り	損失	利益

　なお, 先物は「あらかじめ定められた期日」(つまり決済日) が到来しても, 必ずしも現物の売買を行わなければならないわけではありません。「差金決済」(勝ち負けの差額のみを授受するという形の決済方法) も可能です。

　また, 証券取引所などの取引所で取引されるものを「先物」, 金融商品取引業者などの店頭で取引されるデリバティブを「先渡」と呼ぶこともありますが, 経済性として大きく変わるところはありません。

4 スワップ取引

スワップ取引とは，あるキャッシュ・フローと別のキャッシュ・フローを交換する取引です。

その典型的な金融商品が，「固定金利」と「変動金利」を交換する，「金利スワップ」と呼ばれる取引です。

ここで，「変動金利」とは，市場の実勢金利に応じて変動する金利のことです。

代表的な例としては「銀行間取引金利」があります（Interbank offered rateを略して，一般にIBORと称します）。この銀行間取引金利のうち，有名なものは，「東京市場のIBOR（つまりTIBOR）」，「ロンドン市場のIBOR（つまりLIBOR）」，「ユーロ市場のIBOR（つまりEURIBOR）」などがあります。特に，LIBORは，米ドル（USD），ユーロ（EUR），日本円（JPY），英ポンド（GBP），スイス・フラン（CHF）の5大通貨について成立しており，IBOR金利の中でも取引量が多い金利です。

銀行間取引金利（IBOR）とは？

銀行間でお金を貸し借りするときの実勢金利として，参照銀行（レファレンス・バンク）が報告する金利の平均値。LIBORの場合は毎営業日のロンドン時間午前11時時点の金利をインターコンチネンタル取引所（ICE）が取りまとめて平均値を計算し，5つの通貨それぞれについて7種類の貸出期間別に日々公表している。

そして，金利スワップとは，一定期間，金利に係るキャッシュ・フローを交換する取引です。

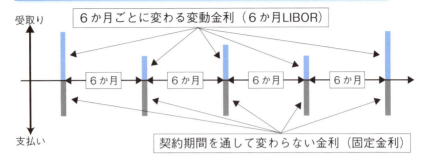

このような金利スワップ取引は，たとえば変動金利借入金の金利を固定化したり，固定利付債券の金利を変動化したりするのに活用されます。

もし，「6か月ごとにLIBORを基準に金利水準が見直される」という借入金があったとすれば，市場金利が上がれば利払負担が増えてしまうというおそれがあります。

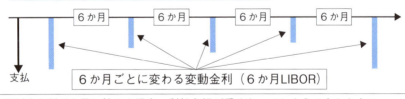

※将来金利が上昇し始めた場合，利払負担が重くなってしまうかもしれない。

そこで，金利スワップ取引を使って，この変動する金利を固定させることが考えられます。

たとえば，6か月LIBORをベースにした変動金利借入金に合わせて，「6か月LIBORを受け取って，固定金利を支払う」という金利スワップ

契約を締結すれば，借入金の変動金利と金利スワップの変動金利が相殺し合い，結局，固定金利だけが残ることになります。すなわち，「キャッシュ・フローの変換」が起こるわけです。

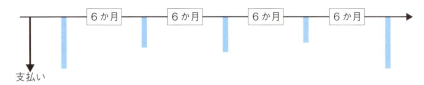

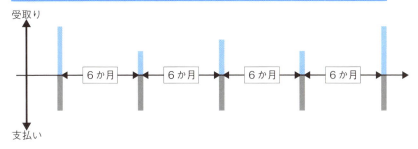

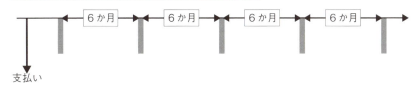

これが，金利スワップの代表的な使い方の1つです。

❺ オプション

オプションとは，ある指数や金融商品に関する，**売買する権利そのものの売買取引**のことです。

デリバティブの中でも特に難しいのはオプションです。なぜなら，「プット・オプション」「コール・オプション」「オプションの売り」「オプションの買い」という用語が煩雑で，途中でこんがらがってしまうことが多いからです。

ただ，逆にいえば，ここできっちりと「どっちが権利でどっちが義務か」「どうなれば損失でどうなれば利益か」という4つの区分を理解すれば大丈夫です。

(1) 原資産価格，権利行使価格，プレミアム

オプションは「売買する権利の売買」と表現されることもありますが，いわば，将来に備えるという意味では「保険」のようなものです。これについて，まずは具体例を見てみましょう。

たとえば，「株価が下がったら困る」という人（Aさん）と，「絶対に株価は下がらない」と思う人（Bさん）がいたとします。株式を持っている人からすれば，株安になれば損をします。

この場合，AさんがBさんに事前にお金を払い，「もし株安になったら損失を補ってください」とお願いし，Bさんがその依頼を受けることが，いわばオプション契約の基本です。

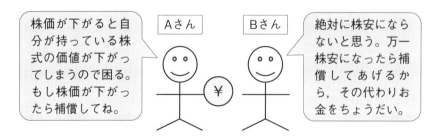

オプションの世界では，この例でいう株価を**「原資産価格」**，「1株100円以下になったら」の例でいう「100円」を**「権利行使価格」**と呼び

ます。

　また，AさんがBさんに払うお金は，保険の世界でいう保険料と似ていますが，オプションの世界ではこれを「**プレミアム**」あるいは「**オプション料**」と呼びます。

原資産価格	オプションの対象となっている資産の市場価格（上の例でいえば株価）
権利行使価格	オプションの権利が発動するポイント（上の「1株100円になった場合」の例でいう「100円」）
プレミアム	オプションの買い手がオプションの売り手に支払う代金であり，保険でいう保険料のようなもの

（2）オプションの買い手，オプションの売り手

　これにより，Aさんは，Bさんにプレミアムを支払う代わり，将来，株価が100円以下に下落したときには，Bさんから損失を補償してもらうことができます。逆にいえば，Bさんは，プレミアムを受け取る代わりに，株価が下落したときにはAさんに損失を補償しなければなりません。

　しかし，Bさんのもくろみどおり，株価が下落しなかった場合には，Aさんにとっては権利を行使しても損をしますから，「権利行使しない」と決断します（これを「**オプションの権利放棄**」といいます）。このため，Aさんにとってはaさんに払ったプレミアムは払い損，BさんはAさんからもらったプレミアムが丸儲け，というわけです。

　専門的には、ここでいうAさんを「**オプションの買い手**」、Bさんを「**オプションの売り手**」と呼びます。いわば、損失を補償してもらうほうの立場が「買い手」、損失を補償しなければならないほうの立場が「売り手」です。この区別は非常に重要です。

　会計上は、オプションの売り手の立場を「**売建オプション**」と呼ぶこともあります。

オプションの買い手	オプション料を払い、損失を補償してもらう側
オプションの売り手	オプション料を貰い、損失を補償してあげる側

特に売り手側のオプションを「売建（うりだて）オプション」と呼ぶこともある

（3）プット・オプション，コール・オプション

　このようなオプションには、2つの種類があります。

第4章　デリバティブとヘッジ会計の要点　133

　1つは「商品を高値で売りつける権利」，すなわち「**プット・オプ
ション**」です。

　もう1つは「商品を安値で買いつける権利」，すなわち「**コール・オ
プション**」です。

プット・オプション	プット（put）とは「売り付ける」，つまり値段が下がってしまった金融商品などを相手に高値で売りつける権利のこと。
コール・オプション	コール（call）とは「買い付ける」，つまり値段が上がってしまった金融商品などを相手から安値で買いつける権利のこと。

　以上をまとめると，オプションには「プット・オプション」と「コール・オプション」の2種類があり，それぞれのオプションに「売り」と「買い」の両側がある，ということです。

　ということは，オプションは2×2，つまり合計で4種類の立場があることになります。

オプション取引は2×2	オプションの買い手	オプションの売り手
プット・オプション（売りつける権利）	プレミアム料を支払い，ある商品を将来，高値で売りつける権利	プレミアム料を受け取る代わり，ある商品を高値で買い取る義務
コール・オプション（買いつける権利）	プレミアム料を支払い，ある商品を将来，安値で買いつける権利	プレミアム料を受け取る代わり，ある商品を安値で売り渡す義務

　ここで，オプションの定義が「オプションの売り手」と「オプションの買い手」で逆転している点には要注意です。

　プット・オプション（売りつける**権利**）は「買い手」から見た権利で

すので,「売り手」から見れば「買い取る**義務**」となります。

コール・オプション（買いつける**権利**）は「買い手」から見た権利ですので,「売り手」から見れば「売り渡す**義務**」です。

この対応関係は、慣れるまでややこしいので注意が必要です。

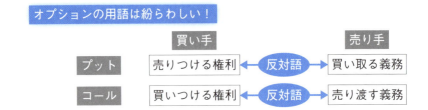

プットとコール、それぞれのオプションについて、売り手と買い手の損得の関係は大切です。

(4) 原資産価格とオプションの損益の関係

ここで、原資産価格とオプションの損益の関係を、グラフで整理してみましょう（ただし、グラフ上、プレミアム料については無視しています）。

① プット・オプションの場合

プット・オプション（売りつける権利）の場合、原資産の価格が権利行使価格よりも下落した場合に、損益が発生します。

具体的には、プット・オプションの買いの場合は、原資産価格が権利行使価格よりも下がれば下がるほど、権利行使した場合の儲けが大きくなります。

また、その裏側の関係として、プット・オプションの売りの場合は、原資産価格が権利行使価格よりも下がれば下がるほど、権利行使された場合に損をします。

しかし，権利行使価格と比べて原資産価格が上昇した場合，権利行使は行われず，オプションの買い手にとってはプレミアム料が払い損，オプションの売り手にとってはプレミアム料分が儲けとなります。

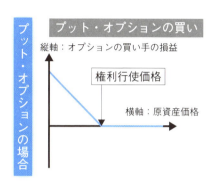 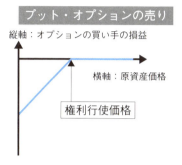

② コール・オプションの場合

コール・オプション（買いつける権利）の場合，原資産価格が権利行使価格よりも上昇した場合に，損益が発生します。

具体的には，コール・オプションの買いの場合は，原資産価格が権利行使価格よりも上がれば上がるほど，権利行使した場合の儲けが大きくなります。

また，その裏側の関係として，コール・オプションの売りの場合は，原資産価格が権利行使価格よりも上がれば上がるほど，権利行使された場合に損をします。

しかし，権利行使価格と比べて原資産価格が下落した場合，権利行使は行われず，オプションの買い手にとってはプレミアム料が払い損，オプションの売り手にとってはプレミアム料分が儲けとなります。

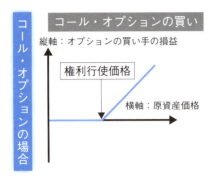

6 その他のデリバティブ

　以上，デリバティブには大きく分けて，「先物取引」「スワップ取引」「オプション取引」の3つがあることがわかりました。

　ただ，最近では，これらの3つのカテゴリーに分類し切れないようなデリバティブもあります。たとえば，金利スワップと金利オプションを組み合わせた「スワップション」と呼ばれる取引は，スワップ取引とオプション取引の両方の性質を持っています。

　また，最近の経済ニュースによく出てくる「クレジット・デフォルト・スワップ（CDS）」は，「スワップ」なのか「オプション」なのか，厳密には分類できない場合もあります。

　CDSとは，「クレジット・デリバティブ」の一種であり，「ある企業や政府の信用状態が悪化した場合にお金のやりとりが行われるデリバティブ」のことです。

　「ある企業や政府」のことを「参照組織」，「信用状態の悪化」のことを「信用事由（またはクレジット・イベント）の発生」と呼びます。

　「信用事由（クレジット・イベント）」とは，たとえば「破産」や「支払不能」「事業再編」など，その参照組織が債務弁済できなくなる（あ

るいは債務弁済能力に疑義が生じる）ような事態が発生することを意味します。

CDS とは？

クレジット・デリバティブの一種で，ある企業や政府（つまり「参照組織」）の信用状態が悪化した場合にお金のやり取りが行われるデリバティブのこと。信用状態の悪化を「信用事由（クレジット・イベント）の発生」と呼ぶ

信用事由（クレジット・イベント）とは：
破産，支払不能，事業再編など，その参照組織の債務弁済ができなくなる（あるいはそれに疑義が生じる）ような事態が発生すること

　CDSには３つの特徴があります。

　それは，①参照組織（たとえばX社）は契約の当事者ではないこと，②契約は参照組織と無関係の第三者同士（たとえばX社とは無関係なAさんとBさんの間）で，片方が「プロテクション料」（一種の保証料）を支払うことで成立すること，そして③参照組織に信用事由が発生した場合に，契約当事者間で金銭の授受が行われることです。

　ここで，契約当事者のうち，「プロテクション料」を支払っている側を「プロテクションの買い手」，「プロテクション料を受け取っている側」を「プロテクションの売り手」と呼ぶこともあります。

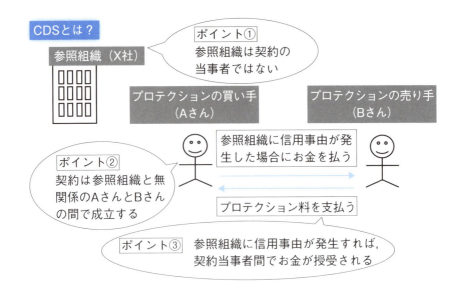

　極端な話、この「参照組織」(図表の例だとX社) は、自分自身が誰かにCDSの「参照組織」とされていることをまったく知りません。プロテクションの買い手 (図表の例だとAさん) は、プロテクションの売り手 (図表の例だとBさん) に対して、プロテクション料を支払う代わりに、この参照企業に「もしもの事態」(たとえば法的な経営破綻など) が発生した場合に、BさんはAさんに対して、一定のお金を支払う、という契約です。

　Aさんからすれば、たとえばX社が発行する株式や社債を保有していた場合、X社に「もしもの事態」が発生し、損害が発生したとしても、Bさんから損失を補填してもらうことができます。

　一方、Bさんにとっては、X社の「信用リスク」(倒産リスク) を請け負うことと引き換えに、Aさんからプロテクション料を受け取ることができるため、いわば、X社に対してお金を貸しているかのような経済的効果を得ることができます。

2 ヘッジ会計とは「意思表示」

> **ポイント**
> ● ヘッジ会計とは「意思表示」のプロセスである
> ● デリバティブは時価評価されるがOCI処理が認められる
> ● 手続一巡を理解すれば，ヘッジ会計は決して難しくない

❶ 会計上のデリバティブとは？

（1）デリバティブの定義

前節でみたとおり，デリバティブには大きく分けて，先物，スワップ，オプションがあり，また，それ以外にも，近年ではCDS取引などがあります。

ところで，デリバティブにはさまざまな定義がありますが，会計上，デリバティブは「特徴」で定義されています。具体的には，次の3点を満たす金融商品のことを，会計上はデリバティブと呼んでいるのです。

会計上の デリバティブ	①基礎数値や想定元本などが存在すること
	②取引にあたって当初の資金がほとんどいらないこと
	③純額や差額での決済が可能であること

なお，多くの場合，会計上のデリバティブの範囲は，前節で触れた範囲と，だいたい一致します。

一般にデリバティブ取引は，契約締結時点では，時価はゼロ（プラスでもマイナスでもない状態）です。

しかし，その後，時価が変動すれば，その企業には正味の債権・債務が発生します。この金額は，その企業がデリバティブ契約を締結して以降，いくらの「勝ち負け」を得ているのかを判断するうえで，極めて重要です。また，その正味の債権・債務の金額は，企業にとっては財務活動の成果の一種です。

このことから，会計上，原則としてデリバティブは時価評価・P／L処理の対象となります。

デリバティブの会計処理（ヘッジ会計以外） 時価評価・P／L処理

ただ，すべてのデリバティブが時価評価・P／L処理の対象となるわけではありません。特に，「ヘッジ取引」については，厳格な条件を満たすことを前提に，後述する「ヘッジ会計」と呼ばれる例外的な会計処理を採用することが可能です。

（2）デリバティブの目的とヘッジ会計

一般にデリバティブは，**投機取引**，**裁定取引**，**ヘッジ取引**などに使われるとされます。

投機取引とは，「**市場で積極的に儲けるための取引**」（いわゆる「スペキュレーション」）です。いわば，「安いと思ったら買い，高いと思ったら売る戦略」だと考えるとわかりやすいでしょう。

一方，裁定取引（アービトラージ）とは，「**市場の歪みなどを利用し，無リスクでリターンを確定すること**」を目的とする戦略です。

これらに対し，ヘッジ取引とは，「**リスクのヘッジを目的とする取引**」であり，大きく分けて相場変動をヘッジする取引と，キャッシュ・フ

ローを固定する取引があります。

デリバティブの3つの利用目的

投機取引	市場で積極的に儲けることを目的とした取引。いわば、「安いと思えば買って、高いと思えば売る」という行為。「スペキュレーション（speculation）」ともいう
裁定取引	市場の歪みなどを利用して、無リスクで利益を確定することを目的とした取引。「割高なほうを売って、割安なほうを買う」こと。「アービトラージ（arbitrage）」ともいう
ヘッジ取引	リスクをヘッジすることを目的とした取引。大きく分けて相場変動をヘッジする取引と、キャッシュ・フローを固定する取引がある

　この3つの取引の中で、ヘッジ会計の適用が認められる可能性があるのは、「ヘッジ取引」だけです。それ以外の取引については、基本的に期末で時価評価・P／L処理の対象です。

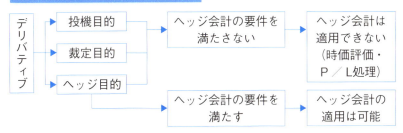

デリバティブとヘッジ会計の関係

　つまり、ヘッジ会計を適用することができるデリバティブは、

- ヘッジ目的で取り組んでいるデリバティブであって、
- ヘッジ会計の要件を満たしていること

が必要です。

2 ヘッジ取引とは？

デリバティブ取引は何かと便利です。

たとえば、為替予約というデリバティブがあります。これは、現時点の為替相場（たとえばドルと円の相場）をもとに、将来時点（たとえば3か月後）の為替取引の条件を、現時点で確定させる予約取引（一種の先渡取引）です。

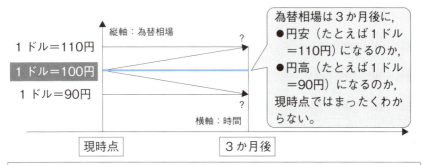

たとえば、ある企業が米国に商品を売り上げ、その代金（10,000ドル）が3か月後に入金される場合を考えてみましょう。

現時点の為替相場が1ドル＝100円だったとすれば、円換算した金額は100万円（＝10,000ドル×100円／ドル）です。しかし、これはあくまでも「金銭債権を円換算した金額」であって、「日本円で100万円の現金」ではありません。

ということは、仮に3か月後、1ドル＝90円の円高になってしまえば、入金額は100万円ではなく、90万円（＝10,000ドル×90円／ドル）になってしまいます。つまり、売上代金が10％も目減りしてしまうのです。粗利益率が10％の会社にとっては、利益が吹き飛んでしまう計算です。

そこで、為替予約を使い、3か月後に受け取った米ドルの売上代金10,000ドルを、1ドル＝100円で円に両替する契約を締結すれば、こうした為替変動リスクを避けることができます。

というのも、実際に3か月後の時点で、1ドル＝90円の円高になってしまっていても、1ドル＝100円で円に両替することができるからです（ただし、3か月後に1ドル＝110円の円安になっていても、この企業は100万円しか受け取れません）。

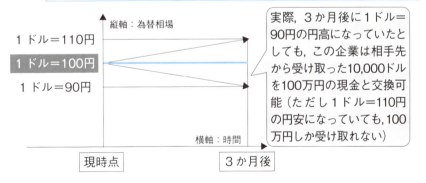

これが「ヘッジ取引」の代表的な事例です。

つまり、ヘッジ取引とは、企業にとってのリスク（この場合は為替リスク）を減らす効果がある取引のことであり、このヘッジ取引のうち、

「ヘッジ会計の要件」を満たした取引については，デリバティブ（この場合は為替予約）を時価評価・P／L処理の対象にせず，ヘッジ会計を適用することを認める，という仕組みです。

❸ ヘッジ会計とは「損益の計上時期をずらす処理」

　ヘッジ会計とは，「ヘッジ対象とヘッジ手段の損益計上時期を一致させるための例外的な会計処理」のことです。

　ここで，**ヘッジ対象**とは，相場変動やキャッシュ・フロー変動のリスクにさらされている取引，資産，負債などのことです。これに対し，ヘッジ手段とは，そのリスクを減らすためのデリバティブ取引のことです。

ヘッジ対象	相場変動やキャッシュ・フロー変動のリスクにさらされている取引，資産，負債など
ヘッジ手段	ヘッジ対象のリスクを減らすためのデリバティブ取引

　たとえば，保有している株式の価格変動リスクをヘッジする目的で，現物の株価とまったく逆の値動きをするような株式デリバティブ契約を締結したとします。この場合，「ヘッジ対象」は現物株式の株価変動リスク，「ヘッジ手段」は株式デリバティブです。

　デリバティブは契約を締結した時点で時価はゼロですが，その後，株価が下がれば，この株式デリバティブ契約からは時価評価益が生じます。

A社は,「その他有価証券」の保有目的区分で保有する株式(簿価100万円,時価100万円)の価格変動リスクをヘッジする目的で,株式デリバティブ契約を締結(当初時価はゼロ)。3か月後,株価が50万円に下落し,株式デリバティブからは50万円の利益が出た(なお,ここでは税効果会計と株式の減損処理については考えない)。

ただ,先ほど,「デリバティブの会計処理は時価評価・P／L処理だ」という原則を紹介しましたが,有価証券を「その他有価証券」として保有していた場合には,「時価評価・OCI処理」が原則です。このため,このままだと,

- 株式から生じた評価損▲50はOCI処理
- デリバティブから生じた評価益＋50はP／L処理

となってしまいます。

　ヘッジ対象である株式については,保有し続けている限り時価変動がOCI処理されてしまい,売却するまでP／L処理されません。しかし,ヘッジ手段であるデリバティブから発生する評価損益は毎期P／L処理の対象となってしまいます。このため,両者の損益の計上時期が一致せず,企業の損益が歪んでしまいます。

ヘッジ会計を適用しない場合の決算日の会計処理

（その他有価証券は全部純資産直入法を前提とし，株式の減損処理については考えない。また，翌期首の洗替処理や税効果会計は無視する）

その他有価証券

期末に時価（50万円）で評価し，簿価（100万円）と時価の差額（▲50万円）をOCI処理する。

その他有価証券評価差額金　50万円　／　その他有価証券　　　　　　50万円

株式デリバティブ

期末に時価（50万円）で評価し，簿価（0円）と時価の差額（＋50万円）をP／L処理する。

デリバティブ資産　　　　　　50万円　／　デリバティブ評価益　　　　50万円

　こうした不都合を避けるための会計上の手法として準備されているのが，ヘッジ会計です。これは，厳格な要件を満たしたヘッジ取引について，特別な会計処理を採用することを認めたものです。

　ヘッジ会計とは「ヘッジ対象とヘッジ手段の損益計上時期を一致させるための例外的な会計処理」のことです。この設例でいえば，「ヘッジ対象」である株式の株価変動，「ヘッジ手段」である株式デリバティブの時価評価差額を，いずれも同じタイミングでP／L処理することを認めてあげましょう，というのが，ヘッジ会計の基本的な考え方です。

　ひらたくいえば，**「損益の計上時期を人為的にずらす会計処理」**だと考えるとわかりやすいかもしれません。

❹　ヘッジ会計には「意思表示」が必要

　ここで，ヘッジ会計についてきちんと定義しておきましょう。

（1）ヘッジ会計の種類

　ヘッジ会計には「**公正価値の変動をヘッジする取引**」と，「**キャッシュ・フローを固定する取引**」の2種類があります。一般に前者を「**公正価値ヘッジ**」，後者を「**キャッシュ・フロー・ヘッジ**」と呼びます。

公正価値ヘッジ

相場変動のリスクにさらされている資産や負債の公正価値変動リスクを抑えるためのヘッジ取引。たとえば，株価変動・金利変動・為替変動を抑える取引などが考えられる

キャッシュ・フロー・ヘッジ

キャッシュ・フローの変動リスクにさらされている資産や負債のキャッシュ・フローを固定するためのヘッジ取引。たとえば，変動金利借入金の利払キャッシュ・フローを固定する取引などが考えられる

　さらに，ヘッジ会計では，現に保有している資産・負債だけでなく，まだ取引を行っていない「未来の取引」をヘッジ対象にすることができます。これを「予定取引のヘッジ」といいます。

予定取引とは　　将来行う予定の取引（つまり現段階では存在していない取引）。たとえば，輸入企業が外国から商品を仕入れるときに，あらかじめ為替レートを確定させるような取引のこと

（2）ヘッジ会計の方法

　ヘッジ会計の方法としては，繰延ヘッジ，時価ヘッジの2種類のほか，「特例中の特例」として，特例処理，振当処理という会計処理の方法も認められています。

ヘッジ会計の方法

繰延ヘッジ	ヘッジ会計を適用するうえで原則的な方法
時価ヘッジ	「その他有価証券」で保有する有価証券の公正価値ヘッジの場合についてのみ認められる
特例処理	金利スワップ等を使ったヘッジ取引について認められる，ヘッジ会計の「特例中の特例」（次節にて後述）
振当処理	為替リスクのヘッジ取引に対して認められる，ヘッジ会計の「特例中の特例」（次節にて後述）

「繰延ヘッジ」とは，デリバティブの時価評価差額をP／L処理せず，OCI処理する手法であり，また，「時価ヘッジ」とは，「その他有価証券」の保有目的区分で保有する有価証券の時価評価差額をOCI処理せず，P／L処理する手法です。

先ほどの145ページで確認した設例でいえば，その他有価証券の評価損（▲50）と，デリバティブの評価益（＋50）を，どちらもOCI処理するのか，どちらもP／L処理するのか，という違いです。

繰延ヘッジの具体的な会計処理としては，その他有価証券の評価差額を，純資産直入科目である「その他有価証券評価差額金」に計上する一方，デリバティブの評価差額も，同じく純資産直入科目である「繰延ヘッジ損益」に計上します（つまり，どちらも純資産直入＝OCI処理です）。

A社は,「その他有価証券」の保有目的区分で保有する株式(簿価100万円,時価100万円)の価格変動リスクをヘッジする目的で,株式デリバティブ契約を締結(当初時価はゼロ)。3か月後,株価が50万円に下落し,株式デリバティブからは50万円の利益が出た(なお,ここでは税効果会計と株式の減損処理については考えない)。

繰延ヘッジを適用した場合の決算日の会計処理

(その他有価証券は全部純資産直入法を前提とし,株式の減損処理については考えない。また,翌期首の洗替処理や税効果会計は無視する)

その他有価証券

期末に時価(50万円)で評価し,簿価(100万円)と時価の差額(▲50万円)をOCI処理する。

その他有価証券評価差額金　50万円　／　その他有価証券　　　　50万円

株式デリバティブ

期末に時価(50万円)で評価し,簿価(0円)と時価の差額(+50万円)をOCI処理する。

デリバティブ資産　　　　50万円　／　繰延ヘッジ損益　　　　50万円

一方,時価ヘッジ処理については,デリバティブの評価差額を「デリバティブ評価益」としてP/L処理しますが,その他有価証券の評価差額についても,「その他有価証券評価損」などの科目を用いてP/L処理する必要があります。

時価ヘッジを適用した場合の決算日の会計処理

（その他有価証券は全部純資産直入法を前提とし，株式の減損処理については考えない。また，翌期首の洗替処理や税効果会計は無視する）

その他有価証券

期末に時価（50万円）で評価し，簿価（100万円）と時価の差額（▲50万円）をP／L処理する。

その他有価証券評価損	50万円	／	その他有価証券	50万円

株式デリバティブ

期末に時価（50万円）で評価し，簿価（0円）と時価の差額（+50万円）をP／L処理する。

デリバティブ資産	50万円	／	デリバティブ評価益	50万円

つまり，ヘッジ会計を適用しなかった場合には，有価証券，デリバティブの評価損益の計上時期が不一致を起こすのに対し，繰延ヘッジ，時価ヘッジを適用した場合，どちらであっても損益の計上時期は一致することになります。

	ヘッジ会計を適用しない場合	繰延ヘッジの場合	時価ヘッジの場合
その他有価証券の保有目的区分で保有する株式	OCI処理	OCI処理	P／L処理
株式デリバティブ取引	P／L処理	OCI処理	P／L処理

これが，「ヘッジ会計とは損益の計上時期をずらす処理である」という意味です。

（3）ヘッジ会計を適用するための意思表示

そして，ヘッジ会計の最大の留意点は，ヘッジ会計を適用するためには，「事前の意思表示」が必要である，ということにあります。

第4章　デリバティブとヘッジ会計の要点　151

　というのも，ヘッジ会計を適用する場合には，ヘッジ取引を行う「前」に，その取引が公正価値のヘッジなのか，キャッシュ・フローのヘッジなのか，あるいは予定取引のヘッジなのかを明らかにし，繰延ヘッジ，時価ヘッジ，特例・振当処理など，どの方法を使うかを決めておく必要があるからです。

ヘッジ会計とは「意思表示」である！

ヘッジ会計は，ヘッジ取引を行う「前に」決めておかなければならない

➡ ヘッジ取引を行った後で，ヘッジ会計を適用するというようなことはできない

　具体的には，まず，①ヘッジ会計を適用する前提として，その企業にとっての「経営上のリスク」をきちんと定義し，それに対して「全社的なリスク管理方針」を作り，これを正式な文書にしておくことが必要です。

　これに加えて，②個々のヘッジ取引を行う場合に，ヘッジ会計の詳細を決めておく必要があります。

　さらに，③ヘッジ会計を適用するためには，「このヘッジにはこの取引が有効だ」という検証手続きを行う必要があります。これを「有効性検証手続き」と呼び，

　(a)　ヘッジ取引を開始する前の段階（事前検証）と，

　(b)　ヘッジ取引を開始した後の段階（事後検証）で，

それぞれ行う必要があります。

ヘッジ会計とは「意思表示」である！

① ヘッジ会計を適用するためには，まずは全社的な「リスク管理方針」を作り，これを正式な文書にしておかなければならない

② 個別のヘッジ取引が①で決めた全社的なリスク管理方針と整合していることを確認できるようにしなければならない

③ ヘッジの有効性検証手続きとして，(a)ヘッジ取引開始前（事前検証），(b)ヘッジ取引開始後（事後検証）を実施しなければならない。特に(b)の事後検証は，決算日を含めて６か月に１回程度以上は実施しなければならない（ただし，特例・振当処理を適用する場合には省略可能）

　実務的には，金融機関が行う複雑なヘッジ取引を除くと，多くの場合，③の(a)事前検証手続きと(b)事後検証手続きについては省略可能です。特に，後述する金利スワップ等の特例処理と為替予約等の振当処理については，有効性検証の省略が可能です。

　しかし，①の全社的なリスク管理方針の策定については省略することができません。というのも，経営上のリスクは，企業規模や事業内容によっても異なるからです。

　ヘッジ会計とは，「リスクをヘッジする取引に特例的な会計処理を適用するもの」です。したがって，「何がその会社にとってのリスクなのか」を，きちんと定義しておかなければ始まりません。

　そこで，全社的なリスク管理方針の策定については，その会社の経営方針や経営目標と整合するよう，経営上のリスクを特定しなければなりません。また，どのリスクをヘッジすべきリスクと認識するかは，取締役会などで決める必要があります。

　さらに，ヘッジ会計が適用できるのは，定量化できるリスクに限定されています。

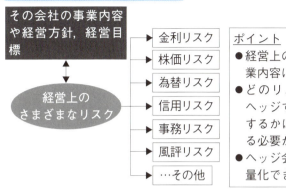

5 ヘッジ指定と有効性検証

ここでは、③の「有効性検証手続き」と、②の「ヘッジ指定」の順で、もう少し詳しくヘッジ会計の手続きを確認してみましょう。

(1) 有効性検証手続き

原則として、ヘッジ会計を適用するためには、ヘッジ手段とヘッジ対象の両者が、「おおむね80%から125%の範囲で相関している」ことを証明しなければなりません（ちなみに、125%とは80%の逆数です）。これが「有効性検証手続き」です。

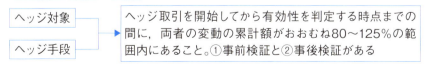

たとえば、ある金融商品（A）をデリバティブ（B）でヘッジする取

引を考えてみます。このとき，(A) と (B) の値動きがまったく一致すれば理想的ですが，実務的には，(A) と (B) の動きはぴたりと一致しないこともよくあります。

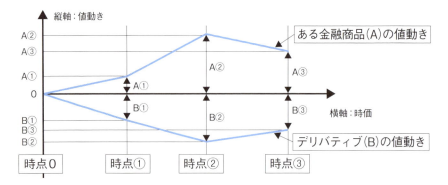

時点0と比べたときの時点①，②，③における，
- 金融商品 (A) の価格変動をA①，A②，A③と表示する
- デリバティブ (B) の価格変動をB①，B②，B③と表示する

このとき，時点①，②，③それぞれにおける有効性の定義は次のとおり。
- 時点①の有効性はA①÷B①（またはB①÷A①）
- 時点②の有効性はA②÷B②（またはB②÷A②）
- 時点③の有効性はA③÷B③（またはB③÷A③）

そこで，ヘッジ対象とヘッジ手段（図表の例でいえば金融商品 (A) とデリバティブ (B)）の相関関係が，だいたい80％から125％の範囲にあると認められれば，ヘッジ会計を認めてあげましょう，とする考え方を取っているのです。

また，事後的な有効性検証をした結果，80％から125％の相関関係が一時的に消滅した場合でも，それが一時的な要因であると認められれば，引き続きヘッジ会計を適用することは可能です。

この有効性検証手続きは，決算日を含めて6か月に1回以上実施しなければならないとされています。

第4章　デリバティブとヘッジ会計の要点　155

有効性検証手続きのポイント

① 　ヘッジ手段とヘッジ対象のヘッジ取引開始時点からの変動累計額が，だいたい80％から125％の範囲内に収まっていることが必要

② 　有効性検証手続きはヘッジ取引開始前（事前検証），ヘッジ会計適用後（事後検証）の両方が必要であり，事後検証は決算日を含めて6か月に1回以上は実施する必要がある

③ 　80％から125％の範囲を外れたとしても，それが一時的なものであれば，ヘッジ会計を適用し続けることは可能

　ただし，次節の特例処理や振当処理のように，有効性検証そのものを省略することが認められる場合もあります。

（2）ヘッジ指定

　企業がヘッジ会計を適用する場合には，「ヘッジ指定」を行う必要があります。

　ヘッジ指定の方法としては，次の2種類の方法があります。

① 　都度，文書を作成してヘッジ指定する場合

② 　内部統制として，ある取引には自動的に特定のヘッジ取引を行うと決める場合

文書による ヘッジ指定	個別のヘッジ取引に先立って，これからやろうとしているヘッジ取引が企業のリスク管理方針に従ったものであることが，文書により確認できること
内部統制によるヘッジ指定	企業のリスク管理方針に関して明確な内部規定および内部統制組織が存在し，ヘッジ取引もこれらの規定や内部統制に従って処理されることが期待されること

　いずれの方法による場合であっても，ヘッジ関係をきちんと定義し，何のリスクをどのデリバティブでヘッジするのかを明らかにするととも

に，ヘッジ会計の方法（繰延ヘッジ，時価ヘッジ，特例処理，振当処理の別），有効性の事前検証の結果や，有効性の事後検証のやり方などを明らかにしておくことが必要です。

ヘッジ指定の際に明らかにしなければならないこと

そのヘッジ取引が全社的なリスク管理方針に従っていること

ヘッジ会計の対象となるヘッジ対象とヘッジ手段が明確に指定されていること（たとえば株価変動リスクに対する株式デリバティブなど）

適用するヘッジ会計の方法と有効性の評価方法，有効性検証を省略するかどうか，など

❻ ヘッジ会計の中止と終了

ヘッジ会計を開始したあとでも，何らかの事情で，ヘッジ関係がなくなることがあります。

たとえば，保有する株式の時価変動リスクをヘッジするために株式デリバティブ契約を締結したあとで，株式デリバティブ取引をやめてしまう場合や，保有している株式を売却してしまうような場合です。

そこで，これらの場合には，「**ヘッジ会計の中止**」と，「**ヘッジ会計の終了**」の会計処理が必要となることがあります。

ところで，これまで見てきたとおり，ヘッジ会計とは，「ヘッジ対象のリスクをヘッジ手段でヘッジしていて，両者に高い相関関係がある場合」の会計処理の方法です。ということは，ヘッジ会計には，

●「ヘッジ対象」（たとえばその他有価証券の保有目的区分の株式）

●「ヘッジ手段」（たとえば株式デリバティブ取引）

●「ヘッジ関係」（おおむね80〜125％の高い相関関係）

という，3つの構成要素が存在します。

第4章　デリバティブとヘッジ会計の要点　157

ヘッジ対象	← ヘッジ関係 →	ヘッジ手段
例：その他有価証券の保有目的区分の株式	80 ～ 125％の高い相関関係	例：株式デリバティブ取引

　これらの３つの構成要素のうち，１つでも欠けたら，ヘッジ会計の中止か終了が必要です。

　基本的に，「ヘッジ対象」が消滅した場合にはヘッジ会計の終了，「ヘッジ関係」か「ヘッジ手段」が消滅した場合にはヘッジ会計の中止の会計処理が適用されます。

（1）ヘッジ会計の終了

　ヘッジ会計の終了とは，ヘッジ対象が消滅した場合の会計処理で，ヘッジ会計の適用を終了し，繰延ヘッジ損益を当期の損益として処理する（つまりP／L処理する）ことです。

　たとえば，株式の株価変動リスクをヘッジ対象とするヘッジ取引において，株式デリバティブ取引を使っていた場合に，株式そのものを売却してしまったような場合，そのデリバティブに係る「繰延ヘッジ損益」を全額，当期の損益として処理する必要があります。

ヘッジ会計の終了	ヘッジ対象が消滅した場合（たとえば株式を売却してしまった場合など）

ヘッジ対象	← ヘッジ関係 →	ヘッジ手段
例：その他有価証券の保有目的区分の株式	80 ～ 125％の高い相関関係	例：株式デリバティブ取引

➡ ヘッジ会計の適用を終了し，繰延ヘッジ損益を当期の損益として処理しなければならない。

（2）ヘッジ会計の中止

　一方，ヘッジ会計の中止とは，ヘッジ対象はそのまま存在している場合であって，ヘッジ手段であるデリバティブ取引が消滅した場合や，ヘッジの有効性検証を行った結果，「80%から125%の相関関係」が消滅した場合などの会計処理です。

　この場合は，「ヘッジ会計の終了」の場合と異なり，その時点までの繰延ヘッジ損益を，ヘッジ対象の損益が将来実現する（たとえばヘッジ指定していた株式を売却する）まで，そのまま繰り延べる必要があります。

　たとえば株式の株価変動リスクをヘッジ対象とするヘッジ取引において，株式デリバティブ取引を使っていた場合に，そのデリバティブが消滅したような場合，そのデリバティブに係る「繰延ヘッジ損益」については，ヘッジ対象の株式を売却するまで繰り延べ続ける必要があります。

ヘッジ会計の中止	ヘッジ手段やヘッジ関係が消滅した場合（たとえばデリバティブが失効した場合や有効性が消滅した場合）

ヘッジ対象　　　　ヘッジ関係　　　　ヘッジ手段

例：その他有価証券の保　　80 〜125%の　　　例：株式デリバティ
　　有目的区分の株式　　　高い相関関係　　　　　ブ取引

ヘッジ会計の適用を中止し，繰延ヘッジ損益をヘッジ対象の損益が実現するまで将来にわたって繰り延べる必要がある。

　なお，ヘッジ対象が利付金融商品（金銭債権，公社債，金銭債務，社債など）である場合にヘッジ会計を中止したときは，繰延ヘッジ損益勘定を金利調整差額として，償却原価法と似たような要領で，ヘッジ対象の利付金融商品の満期までの期間に配分しなければなりません。

第4章　デリバティブとヘッジ会計の要点　159

　ここで，ヘッジ会計の中止と終了について，会計処理の実例を見てみましょう。

ヘッジ会計の中止・終了の共通設例（株式の場合）

X1年２月１日
　３月末決算のA社は，その他有価証券の保有目的区分で保有する株式（帳簿価額100万円，時価100万円）の価格変動リスクを，株式デリバティブでヘッジし，ヘッジ会計（繰延ヘッジ）を適用した。

X1年３月31日
保有する株式の時価は150万円，デリバティブの時価は▲50万円となった（なお，この設例において，その他有価証券は全部純資産直入法を前提とし，株式の減損処理については考えない。また，翌期首の洗替処理は有価証券についてのみ行うものとし，税効果会計は無視する）。

X1年２月１日時点

（仕訳なし）

X1年３月31日時点

その他有価証券	50万円	/	その他有価証券評価差額金	50万円
繰延ヘッジ損益	50万円	/	デリバティブ負債	50万円

X1年４月１日時点（有価証券評価差額金の期首振戻）

その他有価証券評価差額金	50万円	/	その他有価証券	50万円

ヘッジ会計の終了の場合

X1年５月１日
この会社は，保有していた株式（帳簿価額100万円，時価160万円）を売却した。株式デリバティブの時価は▲60万円だった。

X1年５月１日時点

現金預金	160万円	/	その他有価証券	100万円
		/	その他有価証券売却益	60万円
デリバティブ損失	60万円	/	繰延ヘッジ損益	50万円
		/	デリバティブ負債	10万円

ヘッジ会計の中止の場合

X1年5月1日
この会社は，株式デリバティブを解約した。株式デリバティブのこの時点の時価は▲60万円で，3月31日時点からさらに10万円下落していた。なお，ヘッジ対象の株式（帳簿価額100万円，時価160万円）については売却せず，引き続き保有する。

X1年5月1日時点
繰延ヘッジ損益　　　　　10万円　／　デリバティブ負債　　　　　10万円

また，利付金融商品については，次のとおりです。

ヘッジ会計の中止（利付金融商品の場合）

3月末決算のB社は，X1年2月1日，銀行からの変動金利借入金に対し，金利スワップ契約でキャッシュ・フローをヘッジする取引を行い，ヘッジ会計（繰延ヘッジ）を適用した。その金利スワップの時価評価額は，X1年3月31日時点で▲300万円だった。
しかし，途中のX2年4月1日時点で金利スワップ契約を解約し，その時点のスワップの時価を現金預金で精算した。その時点で繰延ヘッジ損益の金額は▲300万円，借入金の残存期間は3年間だった。

第4章　デリバティブとヘッジ会計の要点　161

X1年3月31日時点：デリバティブの時価評価

| 繰延ヘッジ損益 | 300万円 | / | デリバティブ負債 | 300万円 |

X1年4月1日時点：デリバティブの解約

| デリバティブ負債 | 300万円 | / | 現金預金 | 300万円 |

X2年3月31日時点：利息の期間損益計上

| 支払利息 | 100万円 | / | 繰延ヘッジ損益 | 100万円 |

X3年3月31日時点：利息の期間損益計上

| 支払利息 | 100万円 | / | 繰延ヘッジ損益 | 100万円 |

X4年3月31日時点：利息の期間損益計上

| 支払利息 | 100万円 | / | 繰延ヘッジ損益 | 100万円 |

3 ヘッジ会計の「例外中の例外」

> **ポイント**
>
> ● ヘッジ会計自体がデリバティブ会計の例外であり，特例処理と振当
>   処理はそのヘッジ会計の例外であるため，いわば「例外中の例外」

❶ 特例処理は「例外中の例外」

　以上では，ヘッジ会計の概要を確認してみました。ヘッジ会計とは，ヘッジ手段とヘッジ対象にかかる損益の計上時期を一致させる特殊な会計処理のことであり，いわば，デリバティブ会計の例外処理です。このため，これを適用するためには，前節でみたとおり，全社的なリスク管理方針を策定し，ヘッジ指定をしたうえで，有効性検証を行う必要があります。

　ただ，この「例外的な会計処理」であるヘッジ会計には，さらに例外として，金利スワップ等の**特例処理**が設けられています。これは，金利スワップ等を使って，利付金融商品の金利リスクをヘッジする取引について，通常のヘッジ会計よりも簡単な処理を認めようとする趣旨です。

（1）特例処理のメリット

　この特例処理には，メリットがいくつかあります。

　まず，ヘッジ会計の有効性検証（事前検証，6か月に1回以上の事後検証）を省略することができる点です。実務上，金利スワップの有効性

第4章　デリバティブとヘッジ会計の要点　163

検証は煩雑であり，これを避けることができるとすれば，ヘッジ会計の使い勝手が向上します。

　次に，普通のヘッジ会計では，繰延ヘッジにせよ時価ヘッジにせよ，デリバティブそのものを時価評価しなければなりません。しかし，特例処理を使えば，デリバティブそのものを時価評価する必要がなくなります。

　さらに，金利スワップ等に係る金利の受払いを，ヘッジ対象である利付金融商品の利息とあわせて処理することができます（この点は後述します）。

特例処理のメリット

① 　有効性検証手続きが不要で，全社的なリスク管理方針とヘッジ指定文書などがあればヘッジ会計の適用が可能

② 　金利スワップ等の金利の受払いをヘッジ対象の利付金融商品の利息とあわせて会計処理することができる

③ 　通常のヘッジ会計と異なり，金利スワップ等自体を時価評価する必要がない

（2）原則処理と特例処理

　この特例処理について，「スワップ取引」の項（127ページ参照）でも説明した「変動金利の借入金の金利を金利スワップで固定する取引」を例にとって考えてみましょう。

　たとえば，ある企業（A社）がB社から変動金利の借入金を調達していて，C銀行との間で，その変動金利を固定化する金利スワップ取引を締結した場合です。

借入金の金利のキャッシュ・フロー

ある企業（A社）は，B銀行から変動金利で借入金を調達した。借入金の契約条件は元本1億円で，6か月に1回，6か月円LIBORに1％上乗せした金利を支払うというものだった。A社はこの借入金の金利が変動するリスクを懸念し，別のC銀行との間で，想定元本1億円で，2％の固定金利を支払い，6か月円LIBORを受け取る金利スワップ契約を締結した。

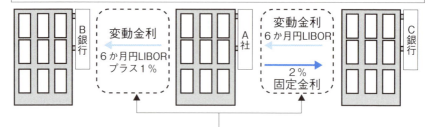

A社にとってはC銀行から受け取る6か月円LIBORとB銀行に支払う6か月円LIBORが相殺され，B銀行に支払う金利の上乗せ部分1％と，C銀行に支払う固定金利2％の，あわせて3％の固定利払いのみが残る

　この取引は，借入金のキャッシュ・フローのヘッジ取引であり，本来であれば，繰延ヘッジ処理が基本です。

　繰延ヘッジ処理の場合，A社はB銀行に対する借入金利息の利払い，C銀行に対するスワップ金利の授受，金利スワップの期末時価評価などの会計処理を行う必要があります。

第4章 デリバティブとヘッジ会計の要点　165

繰延ヘッジの場合の期末会計処理

期末のスワップ取引の時価はマイナス500万円だった。また，利息は年1回，期末日の支払いで，適用される6か月円LIBORは0.5%だった。

B銀行に対する借入金利息の支払い

| 借入金利息 | 150万円 | 現金預金 | 150万円 |

（内訳）B銀行への利払いのうち6か月円LIBOR部分：50万円（＝1億円×0.5%）
B銀行への利払いのうち上乗せ部分：100万円（＝1億円×1%）

金利スワップの時価評価とOCI処理（繰延ヘッジ損益勘定）

| 繰延ヘッジ損益 | 500万円 | デリバティブ負債 | 500万円 |

C銀行に対するスワップ金利の授受（純額）

| 金利スワップ利息 | 150万円 | 現金預金 | 150万円 |

（内訳）C銀行からの変動金利（6か月円LIBOR）の受取り：50万円（＝1億円×0.5%）
C銀行への固定金利（スワップ金利）の支払い：200万円（＝1億円×2%）

　これに対し，特例処理が認められた場合，スワップの時価評価をしなくてよいことに加え，金利の受払いをまとめて計上することができます。

特例処理の場合の期末会計処理

期末のスワップ取引の時価はマイナス500万円だった。また，利息は年1回，期末日の支払いで，適用される6か月円LIBORは0.5%だった。

B銀行に対する借入金利息の支払いとC銀行とのスワップ金利授受の純額

| 借入金利息 | 300万円 | 現金預金 | 300万円 |

金利スワップの時価評価とOCI処理

| （仕訳なし） |

　この会計処理は，非常に簡便です。このため，スワップ取引をする企業からみれば，ぜひとも特例処理を使いたいと思うところです。

（3）特例処理の要件

　ただし，この会計処理は，いわばヘッジ会計の「例外中の例外」であり，要件はとても厳格です。通常のヘッジ会計と同じく，全社的なリスク管理体制などの要件を満たしていることに加えて，いわゆる「特例処理の6つの要件」を満たすことが必要です。

特例処理の6つの要件

①元本の一致	金利スワップの想定元本とヘッジ対象の利付金融商品の元本が，ほぼ一致していること
②期間の一致	金利スワップとヘッジ対象の利付金融商品の契約期間・満期が，ほぼ一致していること
③インデックスの一致	対象となる利付金融商品のインデックスとスワップのインデックスが，ほぼ一致していること
④インターバルの一致	金利スワップの金利改定のインターバルと金利改定日が，ヘッジ対象とほぼ一致していること
⑤受払条件の一定性	金利スワップの受払条件が，契約期間を通して一定であること
⑥オプションの双務性	金利スワップにオプションが組み込まれている場合，そのオプションはヘッジ対象の利付金融商品に含まれた同等の条件を打ち消すためのものであること

　これらの条件のうち，すべてのヘッジ取引に共通して，特に重要なポイントは，①から④までです（通常の金利スワップだと，⑤や⑥についてはそれほど意識する必要はありません）。

　「①元本の一致」については，5％以内までの差であれば，ほぼ同一とみなすことができます。

　また，「②期間の一致」についても，契約期間ないし満期の5％以内のズレであれば，ほぼ同一とみなすことができます（たとえば，契約期

間が10年＝120か月であれば，その5％，つまり6か月までのズレは許容されます）。

しかし，「③インデックスの一致」については，厳密に適用されます。意外と知られていませんが，金利市場にはTIBOR，LIBOR，国債利回り，スワップ金利などの指標がありますし，プライムレートなど，厳密には市場金利とみなせないものもあります。したがって，ヘッジ対象がTIBOR連動型の利付金融商品で，ヘッジ手段の金利スワップがLIBOR連動の場合に特例処理を適用するときには，直近のTIBORとLIBORの相関をチェックする必要があります。

また，「④インターバルの一致」についても，金利改定日・インターバルの差異は，最大でも3か月以内であることが必要です。

さらに，特例処理を有価証券に適用する場合，その有価証券は満期保有目的の債券でなければならず，売買目的有価証券，その他有価証券に対して適用が認められません。

また，満期保有目的の債券に対し，保有期間の途中から特例処理の対象とすることはできません。

同様に，正当な理由なく，債券の保有期間の途中で金利スワップを解約した場合にも，満期保有目的の債券の途中売却があったときと同じペナルティが適用される点にも，注意が必要でしょう。

	特例処理を適用するうえでの留意点	
要件①～④の留意点	①元本の一致	差異が元本の５％以内であれば，「ほぼ同一」であるとみてもよい
	②期間の一致	契約期間ないし満期の５％以内（例：10年なら６か月までの差異）は許容される
	③インデックスの一致	TIBORとLIBORについては直近一定期間について両者の相関を確認する必要があり，また，プライムレートとLIBORは同等とみなせない
	④インターバルの一致	金利改定日やインターバルの差異は最大でも３か月以内であることが必要
有価証券	※有価証券への適用	売買目的有価証券，その他有価証券への特例処理の適用はできない
	※満期保有目的の債券	満期保有目的の債券に特例処理を適用する場合，保有期間の途中からの適用は不可。スワップの中途解約には満期保有目的の債券のペナルティ規定（49ページ参照）も適用される

❷ 振当処理は為替リスクの例外処理

（１）ヘッジ対象とヘッジ手段を一体的に処理

振当処理とは，外貨建取引に対して認められる，ヘッジ会計の特例です。その意味で，金利スワップ等に関する特例処理と同じく，振当処理も「会計基準の特例であるヘッジ会計の，さらに特例」という意味で，「特例中の特例」です。

具体的な会計処理は，ヘッジ対象である外貨建取引を，ヘッジ手段である為替予約等のデリバティブと，あたかも一体であるかのように処理することです。ここで，「外貨建取引」とは，わが国の通貨ではなく，外国の通貨で行われる取引のことです。

本来,外貨建取引は「外貨建取引等会計処理基準」が適用されます。しかし,振当処理は,為替予約等をうまく使えば,外貨建ての取引も事実上,円建ての取引と同じようなものだとして取り扱うことができるとする考え方から,「当面の措置」として認められている例外処理なのです。

為替予約等の振当処理とは？

為替予約等を使って外貨建取引を実質的に円建取引に転換することができる場合に,外貨建取引と為替予約等を合わせて,あたかも円建取引であるかのような会計処理をすることを認める,ヘッジ会計の「例外中の例外」

ただし,ヘッジ会計とは,もともとは繰延ヘッジ処理が原則であり,振当処理はあくまでも「例外処理」として認められるものです。このため,ヘッジ会計の要件を満たしていることに加え,いくつかの条件があります。

(2) 為替予約とは

振当処理の対象となる為替予約とは,先物・先渡取引などに分類されるデリバティブの一種で,あらかじめ為替レートを確定させるような取引です。

為替予約の具体的な事例として,現時点の為替相場が1ドル＝100円だったときに,3か月後に1ドル＝100円の条件で1万ドルを100万円と両替することを約束するような取引を考えてみましょう。

為替予約がなかった場合,

① 1ドル＝110円の円安になっていれば,1万ドルには110万円の価

値がありますが,

② 1ドル＝90円の円高になっていた場合, 1万ドルの価値は90万円に過ぎません。

つまり, この為替予約は, ①の場合には10万円の損失, ②の場合には10万円の利益をもたらすという計算です。

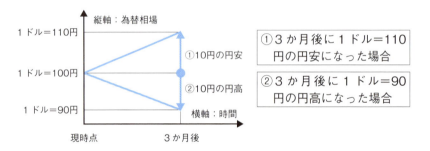

なお, 為替取引では, 現時点の為替相場を「直物為替相場」, 将来時点の予約相場を「先物為替相場」と呼ぶこともあります。

ここで, 為替予約を使えば, あらかじめ為替相場を確定させることができます。

たとえば, 外国に1万ドルの商品を売り上げ, 3か月後に売上代金が入金されるようなケースです。この場合, 為替予約を使えば, 3か月後の入金額を現時点で確定させることができます。

振当処理とは, このような場合に, 確定した円貨で会計処理をするこ

とを認める，ヘッジ会計の特例なのです。

外貨建取引の会計について本書では詳しく触れませんが，たとえば，外貨建ての金銭債権債務は，期末の為替相場で換算替えをしなければならないという規定があります。しかし，振当処理を使えば，あたかも最初から円建ての取引であったかのような会計処理を適用することができるのです。

振当処理を適用した場合の会計処理の事例

3月31日が決算日の企業が2月1日に米国企業に商品を輸出し，10,000ドルの売上を計上した。売上代金の入金は4月30日である。この企業は売上と同時にA銀行との間で，1ドル＝100円の為替予約契約を締結した。

その後，為替市場が動いて，3月31日には1ドル＝110円の円安になり，4月30日には1ドル＝90円の円高になったとする。

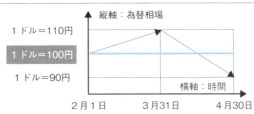

2月1日（売上の計上時点）

| 売掛金 | 100万円 / 売上 | 100万円 |

米ドル建ての売上高10,000ドル×予約レート100円／ドル

3月31日（決算日）

（仕訳なし）

振当処理を採用しているため，期末の会計処理は発生しない

4月30日（売掛金入金日）

| 現金預金 | 100万円 / 売掛金 | 100万円 |

この設例の中で，途中の為替変動（3月31日に1ドル＝110円の円安になったことや，4月30日に1ドル＝90円の円高になったこと）は，会計処理にまったく影響を与えていないことが確認できるでしょう。

特に外国との貿易や投資を行っている企業にとって，この振当処理は実務上，非常に重要です。

（3）振当処理の留意点

ところで，振当処理はヘッジ会計の適用方法の１つです。このため，振当処理を適用するためには，①ヘッジ会計の適用要件（全社的なリスク管理方針やヘッジ指定文書など）が必要ですが，②ヘッジ対象とヘッジ手段の通貨，金額，期日が同じである場合には，有効性検証は不要です。

さらに，③適用できる取引は，外貨建ての満期保有目的の債券，外貨建ての金銭債権債務，外貨建ての予定取引ですが，④適用できない取引もありますので注意が必要です。

振当処理の特徴と留意点

① ヘッジ会計の要件を満たしていることが必要	振当処理を適用するためには，リスク管理方針に準拠しているなど，ヘッジ会計の適用要件を満たしていることが必要
② 有効性検証手続を省略することが可能	ヘッジ対象と同じ通貨，同じ金額・同じ期日の為替予約等についてはヘッジ効果が当然に認められるため，有効性検証手続の省略が可能
③ 適用できる取引	外貨建ての満期保有目的の債券，外貨建ての金銭債権債務，外貨建ての予定取引など
④ 適用できない取引	その他有価証券，売買目的有価証券の為替リスク，外貨建金銭債権債務を取得するまでの為替リスクのヘッジなど

なお，為替予約には「金利差」という考え方があります。これは，異なる通貨（たとえば日本円と米国ドル）の間では，異なる金利が成立しているために生じるものです。

先ほどの設例では,「取引時点で1ドル＝100円だったときに,先物相場も1ドル＝100円だった」という仮定を置きましたが,実際には,直物為替相場と先物為替相場は,主に市場金利などの影響を受けて,異なる水準に決定されます。

もちろん,現実の為替市場はこれほど単純ではなく,直物為替相場と先物為替相場にズレが生じる理由は,市場の歪みなどの要因もあります。

しかし,振当処理を適用する際には,上の例でいう「直物為替相場」（1ドル＝100円）と「先物為替相場」（1ドル＝92円）の差額（1ドル当たり8円）を,「金利」として期間按分することとされています。この差額のことを「直先差額」と呼びます。

また,外貨建取引を行ってから為替予約を締結するまでの為替変動を,一般に「直直差額」と呼び,この差額についてはP／L処理する必要があります。

ここで,振当処理の設例を確認しておきましょう。

> 3月決算のある企業は，X1年10月1日に，海外子会社に1万ドルの融資（期間1年）を実行した。その時点の為替相場は1ドル＝105円だった。また，この企業はX1年12月1日に，この融資の為替リスクをヘッジするため，期間10か月の為替予約を1ドル＝90円で締結し，振当処理を行った（その時点の為替相場は1ドル＝100円だった）。

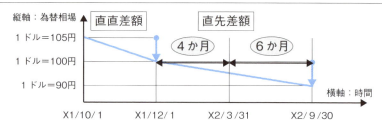

この設例では，子会社にドル建ての融資を行ってから，為替予約によりその融資の為替リスクをヘッジするまで，2か月の期間がかかっています。その間に為替相場は変動しているため，2か月間で生じた為替変動差額（図でいう直直差額）は当期の損益として処理します。

一方，為替予約を締結した時点の直物為替相場と，為替予約の期間満了時の先物為替相場の間にも差異が生じていますが，この金額は10か月間で期間按分処理します。

> 直直差額（105円と100円の差額）はP／L処理し，直先差額（100円と90円の差額）は10か月間で期間按分処理する

X1年10月1日時点（融資実行時点）

| 貸付金 | 105万円 | ／ | 現金預金 | 105万円 | 1万ドル×105円／ドル |

X1年12月1日時点

| 為替差損 | 5万円 | ／ | 貸付金 | 5万円 | 直直差額部分のP／L処理 |
| 前払費用 | 10万円 | ／ | 貸付金 | 10万円 | 直先差額部分の繰延処理 |

X2年3月31日時点

| 支払利息 | 4万円 | ／ | 前払費用 | 4万円 | 直先差額部分の4か月分 |

X2年９月30日時点

支払利息	６万円	／	前払費用	６万円	直先差額部分の６か月分

現金預金	90万円	／	貸付金	90万円	融資の回収（１万ドル×90円／ドル）

❸ 予定取引のヘッジ会計

「**予定取引のヘッジ会計**」とは，現時点で存在しない「将来の取引」に対してヘッジ会計の適用を認めるという考え方です。ヘッジ会計上は，「**未履行の取引**」と「**未成立の取引**」に分けられます。

このうち「未履行の取引」とは，すでに契約が成立しているため，実行される可能性が極めて高い取引のことですが，「未成立の取引」は，契約自体がまだ成立していないため，実行される可能性が高いとは言い切れない取引のことです。

たとえば，外国から定期的に外貨で商品を買いつけている企業があったとします。この企業は，円高になれば，仕入代金の負担が軽くなりますが，円安になれば，仕入代金の負担が重くなります。

現代の社会では，こうした為替変動の影響を軽減するために，定期的に為替予約契約を締結することが一般的です。また，現実には，取引が発生していない段階で，「今年はこのくらい購入するだろう」と予想して為替予約取引を実行することも一般的に行われています。

予定取引に対するヘッジの事例

A社は定期的にB国の企業から商品を買いつけている。A社は為替変動の影響を少なくするため、C銀行との間で、まとめて為替予約取引を行っている。

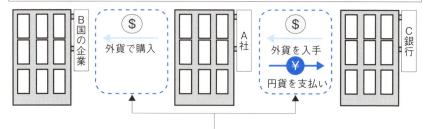

A社はB国の企業に支払うであろう外貨をC銀行から予約取引で購入するが、取引が発生していない段階でヘッジ会計の適用は認められるか？

この点、「契約は存在しているが未履行の状態の取引」だと、取引が実行される可能性は極めて高いといえます。

しかし、「契約すら存在していない場合」だと、このような状態でヘッジ会計を簡単に認めることは不適切です。なぜなら、これまで見たとおり、ヘッジ会計の適用要件は非常に厳格だからです。

そこで、ヘッジ会計が認められる予定取引とは、**「将来時点で実行される可能性が極めて高い取引」**に限定されます。

予定取引のヘッジ対象		
	未履行の取引	取引の契約は成立しているため、実行される可能性は高く、予定取引のヘッジ会計の対象となる
	未成立の取引	ヘッジ会計の対象となる未成立取引とは、「主要な条件が予測可能で、かつ、実行される可能性が極めて高いもの」に限定される

いわば、予定取引自体が実施されないのに、デリバティブの評価損益が繰り延べられてしまうということを防ぐために、厳格な要件が求めら

れているのです。

そして,「予定取引が実施される可能性」については,過去の取引実績やその取引を行う能力などの観点から,慎重に検討する必要があります。

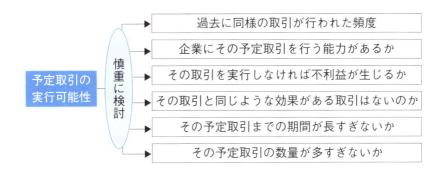

なお,前項でみたとおり,同じ金額,同じ通貨,同じ期日の為替予約であれば,振当処理が適用できる場合があります。

しかし,予定取引（つまり,まだ存在しない取引）に対しては,振当処理の適用は認められません。このため,振当処理を前提とした外貨建ての予定取引に対するヘッジ会計は,その予定取引が実行されるまでの間は,繰延ヘッジを適用する必要があります。

（2月1日）　ある企業A（3月末決算）は,外国に商品を販売する際の売掛金の為替リスクをヘッジするために,取引先の銀行との間で為替予約取引を締結した。
（4月30日）　この企業Aは,外国企業に対して商品を販売し,その売掛金に対して振当処理を適用した。
（6月30日）　この企業Aは,外国企業から売掛金を回収し,予約取引を実行した。

※振当処理の適用が認められるのは予定取引が実行されて以降であり,取引が実行されていない状態では繰延ヘッジ処理が必要

包括的長期為替予約

　為替の世界では，「包括的長期為替予約」と呼ばれる取引があります。一般に為替予約取引の期間は短いのが特徴であり，1か月，3か月，1年などの取引が一般的ですが，これを非常に長い期間（たとえば10年間）の契約とするものです。

　本章172ページでも触れましたが，為替予約の契約条件には，元来，わが国と外国との金利差が強く反映されます。わが国の金融市場では，低金利状態が常態化していますが，外国では比較的金利が高いことも多く，そうなれば，契約期間が長くなればなるほど，外国通貨を安く手に入れることができます。

　ただし，この「包括的長期為替予約」を使ったヘッジ取引においては，振当処理の適用ができません。というのも，振当処理の適用対象とすることができる為替予約とは，本来，市場金利等を合理的に反映したものでなければなりませんが，一般に「包括的長期為替予約」は為替予約とは実質的に同等と認められないからです。

　また，予定取引のヘッジ会計を適用する場合でも，原則として，1年以上先のものについては，予定取引のヘッジ会計の対象とすることは困難であるとされています。通常のヘッジ会計（繰延ヘッジなど）を適用するとしても，契約レートを契約締結時点の理論先物相場に引き直すなどして時価を再計算する必要がある点に留意が必要といえるでしょう。

第 **5** 章

その他の金融商品
アラカルト

1 複合金融商品の会計

ポイント

- 複合金融商品にはエクイティ・ファイナンスのものとそれ以外のものがある
- 基本的に仕組債であっても元本リスクがなければ一体処理が認められる

① 複合金融商品とその会計

複合金融商品とは，「**複数の種類の金融資産や金融負債を組み合わせた金融商品**」のことです。たとえば，近年，低金利状態が続いていますが，デリバティブの経済性を組み合わせることで，通常の債券よりも高い利回りが得られるような債券（いわゆる仕組債）などが知られています。

複合金融商品は会計上，発行者の払込資本（資本金や資本剰余金などの株主資本）を増加させる可能性がある部分（いわゆる新株予約権）を含む場合（つまり，エクイティ・ファイナンスに関わる金融商品である場合）と，それ以外の場合で，規定が分かれます。

第5章　その他の金融商品アラカルト　181

複合金融商品とは？	複数の種類の金融資産や金融負債を組み合わせた金融商品のこと。デリバティブの性質を含むことが多い
	払込資本を増加させる可能性がある複合金融商品（新株予約権等の，いわゆるエクイティ・ファイナンス）
	その他の複合金融商品（エクイティ・ファイナンス以外の複合金融商品で，仕組債などが典型例）

　ただ，一般に「複合金融商品」といえば，利回りを高めるなどの目的でデリバティブを組み込んだ複合金融商品（つまり「エクイティ・ファイナンス以外の複合金融商品」）を指します。そこで，「払込資本を増加させる可能性があるもの」については次節で触れることとし，本節では主に，「その他の複合金融商品」について眺めていくこととします。

❷　区分処理と一体処理

　複合金融商品会計において，最も大きな論点となるのは，「**デリバティブの経済的性質が組み込まれた金融商品**」です。たとえば，次のようなものがあります。

デリバティブの経済提起性質が組み込まれた複合金融商品

株価リンク債	市場の株価指数の動向次第で利息や元本の額が変動するような債券
為替リンク債	為替動向に応じて，利息や元本が変動するような債券。元本が外貨建てで償還されるものもある
クレジット・リンク債	第三者の信用リスクを参照する債券。CDS（136ページ参照）などを組み込むことが多い

　これらの複合金融商品は，見た目は債券や金銭債権ですが，裏でデリ

バティブ契約が組み込まれている，という特徴があります（なお，複合金融商品に組み込まれたデリバティブのことを，「**組込デリバティブ**」と呼びます）。

ところで，金融商品会計上，「複合金融商品」という考え方がわざわざ設けられている理由とは，会計基準の首尾一貫性を確保することにあります。

第4章で説明したとおり，デリバティブ取引自体は，本来ならば時価評価・P／L処理の対象です。もし「複合金融商品」という概念がなければ，デリバティブの経済的性質を組み込んだ金融商品が，時価評価・P／L処理の対象とならないような不整合が生じます。

複合金融商品自体はデリバティブ契約ではありませんが，デリバティブの経済的な性質が組み込まれている以上，金融商品が，時価評価・P／L処理の対象とならないと考えるならば，会計基準としては不十分です。なぜなら，同じような経済的性質を持つ金融商品には同じような会計処理を適用するのが，金融商品会計の基本的な考え方だからです。

デリバティブ取引	＝時価評価・P／L処理の対象
複合金融商品	デリバティブの経済的な性質を含む金融商品なのに，時価評価・P／L処理の対象外としてよいのか？

そこで，金融商品会計には「**複合金融商品会計**」という分野が存在するのです。具体的には，**複合金融商品については現物金融商品とデリバティブに分けて，それぞれ別の会計処理を行う**，とする考え方です。そして，このような会計処理のことを，区分処理と呼びます。

第5章　その他の金融商品アラカルト　183

| 区分処理とは？ | 複合金融商品を現物金融商品とデリバティブに分離して，それぞれ別々の会計処理を適用するという考え方 |

複合金融商品 ＝ **現物金融商品** ＋ **デリバティブ**

| 現物金融商品の部分については有価証券，金銭債権，金銭債務に準じて処理 | デリバティブの部分については時価評価・Ｐ／Ｌ処理 |

　ただ，すべての複合金融商品について，いちいち，現物金融商品とデリバティブ部分に分けるのは実務的ではありません。特に，元本にリスクが及ばないような仕組債や，期間損益を歪めないような仕組債の場合，わざわざ手間を掛けてまで，現物金融商品とデリバティブを区分する意義は乏しいからです。

　そこで，複合金融商品会計の考え方では，「デリバティブの経済的性質を組み込んでいればデリバティブに類似した会計処理を取る」という考え方と，実務上の会計処理の煩雑さを回避するという考え方の折衷的な考え方が取られています。

　具体的には，「区分処理しなければならない要件」を決めて，それ以外の場合には，デリバティブを区分処理しなくてよい（つまり**デリバティブと現物金融商品を一体として会計処理**してよい），とする扱いがとられています（これを**一体処理**と呼びます）。また，「区分処理しなければならない要件」のことを，**区分処理要件**と呼びます。

　区分処理要件とは，大きく分けて，(1)元本にリスクが及ばないこと，(2)それ以外の要件，という，２つの要素から成り立っています。

　このうち，「元本にリスクが及ばないこと」については，次のとおりです。

区分処理要件（元本にリスクが及ばないこと）

①	組込デリバティブのリスクが現物の金融商品に及ぶ可能性があること
②	組込デリバティブと同一条件の独立したデリバティブが，デリバティブの特徴を満たすこと
③	時価の変動による評価差額が当期の損益に反映されないこと

　ここで，「①組込デリバティブのリスクが現物に及ぶ可能性」とは，

(a)　金融資産の当初元本が減少すること，または金融負債の当初元本が増加すること，

(b)　金融負債の金利が契約当初の市場金利の2倍以上になる可能性があること

の2点です。

　次に，「（2）元本要件以外の要件」も，区分処理要件として重要です。これには大きく分けて3つのケースがあります。

　具体的には，①その複合金融商品が「損益を調整する複合金融商品」である場合（たとえば，デリバティブで得た収益を一括して授受するスキームなど），たとえリスクが現物に及ぶ可能性がなくても，区分処理しなければなりません。

　次に，②その複合金融商品を取得した時点で区分処理しなくてよい場合でも，その後，信用リスクが上昇するなどして，事後的に区分処理が必要になる場合もあります。

　さらに，③その複合金融商品については，「区分処理要件」を満たしていない場合でも，管理上，組込デリバティブを区分しているときには，区分処理の対象とすることは可能です。

第5章　その他の金融商品アラカルト　185

元本にリスクが及ばない場合でも区分処理する場合

①	損益を調整する金融商品（デリバティブ収益を一括授受する商品等）
②	複合金融商品取得後に信用リスクが上昇したような場合
③	管理上，組込デリバティブを区分していて，区分処理したい場合

　そして，一体処理が認められるのは，これらの条件のいずれにも抵触しなかった場合に限られます。

一体処理とは？　複合金融商品を現物金融商品とデリバティブに区分せず，現物金融商品の会計処理に従って処理する方法

複合金融商品　＝　現物金融商品　＋　デリバティブ

現物金融商品の部分については有価証券，金銭債権，金銭債務に準じて処理

デリバティブ部分を区分せず現物金融商品と一体で処理

　ところで，区分処理要件を満たした場合（つまり一体処理が認められないような場合）でも，普通の会社がデリバティブ部分を正確に時価評価することが難しいような場合もあります。このような場合には，区分処理をせず，その複合金融商品全体を時価評価・P／L処理の対象とすることもできます。

　以上をまとめたイメージが，次のフローチャートです。

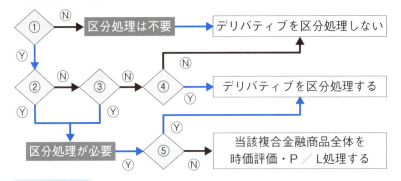

判定ポイント

①その複合金融商品にデリバティブは含まれているか？
②区分処理の3要件をみたしているか？
③その複合金融商品は損益を調整する金融商品か？
④管理上，デリバティブを区分する必要はあるか？
⑤デリバティブの区分処理は可能か？

❸ 複合金融商品の会計処理と設例

　複合金融商品について考えられる会計処理のパターンとしては，①一体処理する，②区分処理する，③この複合金融商品の全体を時価評価・P／L処理する，という3つがあります。

第5章　その他の金融商品アラカルト　187

一体処理する場合	組み込まれたデリバティブのリスクが現物金融商品に及ばないと判定された場合などに適用される会計処理
区分処理する場合	区分処理要件に抵触した場合や，損益を調整する商品の場合，デリバティブを区分して管理している場合などに適用される会計処理
全体を時価評価・P／L処理	本来なら区分処理しなければならないが，デリバティブを区分して測定することができない場合に適用される会計処理

　本来，デリバティブ取引は「時価評価・P／L処理」の対象です。しかし，複合金融商品の場合は，元本にリスクをもたらさないものについては，広範囲に一体処理が認められています。

　また，一体処理する現物金融商品のパターンとしては，大きく分けて，①有価証券の場合，②金銭債権の場合，③金銭債務の場合があります。有価証券の場合は保有目的区分に応じて会計処理の方法が異なりますが，金銭債権や金銭債務の場合は保有目的区分という考え方がありません。

有価証券の場合	売買目的有価証券，その他有価証券，満期保有目的の債券などの保有目的区分に応じて会計処理を行う
金銭債権の場合	取得原価や償却原価で評価し，貸倒見積高を控除する
金銭債務の場合	債務額や償却原価で評価する

　ここで，具体的な金融商品を例に挙げて，デリバティブを組み込んだ複合金融商品の会計処理のパターンを確認してみましょう。

> 設例　ある企業は，日本国債を裏付資産とし，デリバティブを組み込んだ仕組商品に投資した。なお，この金融商品の構成要素，取得時点，期末時点の時価は次のとおりだったとする。

区分	取得時点の時価	期末時点の時価	期末時点の時価
日本国債部分	100万円	110万円	＋10万円
デリバティブ部分	0	▲20万円	▲20万円
合計	100万円	90万円	▲10万円

> この金融商品は償還元本，取得原価ともに100万円だったとする。このとき，この金融商品が，⑴有価証券（仕組債）の場合，⑵金銭債権（仕組ローン）の場合のそれぞれについて，①一体処理，②区分処理，③時価評価・P／L処理，の会計処理を示せ（※税効果会計は考慮しない）。

（1）有価証券の場合

　まず，この金融商品が有価証券（いわゆる仕組債）だった場合，考えられる保有目的区分としては，売買目的有価証券の場合，満期保有目的の債券の場合，その他有価証券の場合の3通りあります。

　売買目的有価証券の場合は，一体処理をしようが，区分処理をしようが，会計処理としては，現物金融商品部分もデリバティブ部分も，いずれも時価評価・P／L処理の対象となります。

売買目的有価証券の場合

> 売買目的有価証券の場合，デリバティブ部分を区分してもしなくても，どのみち，現物金融商品部分，デリバティブ部分がいずれも時価評価・P／L処理の対象となる。

①一体処理の場合

売買目的有価証券評価損	10万円	／	売買目的有価証券	10万円

②区分処理の場合

売買目的有価証券	10万円	／	売買目的有価証券評価益	10万円
デリバティブ評価損	20万円	／	デリバティブ負債	20万円

③時価評価・Ｐ／Ｌ処理の場合

売買目的有価証券評価損	10万円	／	売買目的有価証券	10万円

　これに対し，その他有価証券の場合は，時価評価の対象となるという点では売買目的と同様ですが，時価評価差額はOCI処理されるか，Ｐ／Ｌ処理されるかという点で大きく異なります。

その他有価証券の場合

その他有価証券の場合，現物金融商品・デリバティブの双方が時価評価対象となるものの，時価評価差額をＰ／Ｌ処理するか，OCI処理するかという違いがある。

①一体処理の場合

その他有価証券評価差額金	10万円	／	その他有価証券	10万円

②区分処理の場合

その他有価証券	10万円	／	その他有価証券評価差額金	10万円
デリバティブ評価損	20万円	／	デリバティブ負債	20万円

③時価評価・Ｐ／Ｌ処理の場合

その他有価証券評価損	10万円	／	その他有価証券	10万円

　また，満期保有目的の債券の場合，②③のケースでは満期保有目的での保有ができません。

満期保有目的の債券の場合

満期保有目的の債券の場合，一体処理が可能である金融商品しか満期保有目的の債券として保有することはできない。また，基本的に取得原価または償却原価での評価対象となる。

①一体処理の場合

（仕訳なし）

②区分処理の場合，③時価評価・Ｐ／Ｌ処理の場合

※そもそもこのような保有は不可能

（2）金銭債権の場合

一方，これを有価証券形式ではなく，金銭債権（いわゆる仕組ローン）方式で保有していた場合についても考えてみましょう。

原則として金銭債権自体はもともと時価評価の対象とならず，また，「保有目的区分」の考え方もありません。このため，考えられるパターンは，次の①〜③です。

金銭債権の場合

> 金銭債権の場合，保有目的区分の考え方がなく，一体処理，区分処理いずれの場合においても，現物金融商品は貸付金として取得原価で評価される（※便宜上，貸倒引当金は考慮しない）。

①一体処理の場合

（仕訳なし）

②区分処理の場合

デリバティブ評価損	20万円	／	デリバティブ負債	20万円

③時価評価・P／L処理の場合

貸付金時価評価損	10万円	／	貸付金	10万円

2 新株予約権

ポイント

- 新株予約権とは，有利な条件で株式を発行してもらう権利のこと
- 会計上の取扱いは発行者と保有者で異なる

① 払込資本を増加させる複合金融商品

会計上，「複合金融商品」とは，複数の金融資産・負債から構成される金融商品のことですが，企業にとっての資本調達手段としてよく利用されるのが，**転換社債**や**新株予約権**です。

転換社債とは，**企業が発行する社債のうち，ある条件を満たせば株式に転換することができるような社債**のことです。

また，**新株予約権**とは，**その会社の株式をあらかじめ決められた価格で引き受けることができる権利**のことです。

転換社債	一定の条件のもとで，その社債を発行している企業の株式に転換することができるような社債
新株予約権	その会社の株式をあらかじめ決められた価格で引き受けることができる権利

これらの金融商品は，投資家からみれば，その会社の株式をあらかじめ決められた価格で取得することができるため，社債，株式などの投資商品としてのメリット（投資妙味）があります。また，経済的な性質と

しては，デリバティブの項（129〜136ページ）で説明した，オプションの一種（コール・オプションの買い）です。

一方，発行者から見れば，自社が発行する株式を引き渡すオプションの売りであり，オプション料を受け取る側です。このため，発行する会社にとっては，新株予約権を組み込むことで，投資家から受け取るオプション料と自社が支払う社債利息を相殺することができるため，市場金利面などで有利な条件で資金調達をすることができるなどのメリットがあります。

また，転換社債は，現在の日本の会社法では，普通社債と新株予約権を組み合わせた金融商品として発行されます（これを「**新株予約権付社債**」と呼びます）。新株予約権付社債は，いわば，社債の払込金を対価として，あらかじめ決められた条件で株式を買い取るか，現金で償還させるかを投資家側が決定する権利を持つ金融商品であるという言い方もできます。

なお，新株予約権付社債の中には，転換社債ではなく，「普通社債と新株予約権をセットにして販売した金融商品」も存在します（いわば分離型の新株予約権付社債）。

とくに両者一体型で，事実上の転換社債としての商品性を持つ金融商品を「転換社債型新株予約権付社債」と呼ぶ（両者を分離することができる場合もある）。

❷ 新株予約権の会計上の取扱い

新株予約権に関わる会計処理としては，常に「発行者側の会計処理」，「保有者側の会計処理」という視点があります。

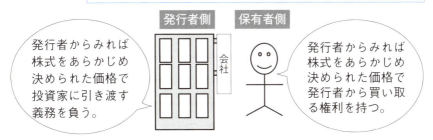

その意味で、新株予約権とは、オプションの一種であり、経済的にはデリバティブとしての性質があります。ただ、新株予約権証券自体が会計上の有価証券に該当するという事情もあり、原則として、会計上は、新株予約権はデリバティブとしては取り扱われません。

(1) 発行者側の処理

発行者側からみれば、新株予約権は金融負債ではなく、純資産の部の構成項目として取り扱われます。

つまり、発行者が新株予約権を発行した時には、その発行時の払込金を「新株予約権」として計上し、権利が行使された時には、株式の発行として処理します。また、権利が失効した場合には、特別利益として計上します。

なお、新株予約権を行使された場合、自己株式の処分により差損益が生じた場合には、その他資本剰余金を増減させることで調整します。たとえば、自己株式の処分により利益が生じる場合は、その金額はその他資本剰余金の増加として処理し、損失が生じる場合は、その他資本剰余金の減少として取り扱います。

ただし、損失が生じた場合に、減額すべきその他資本剰余金の金額が足りない場合には、その足りない金額を、その他利益剰余金（繰越利益剰余金）からの減額として処理することが必要です。

ここで，新株予約権の発行者側の会計処理を設例で確認してみましょう。

新株予約権の発行者側の会計処理

①発行時の会計処理
新株予約権を発行したときは，発行に伴う払込金額を，純資産の部に「新株予約権」として計上する。

例：ある会社は「900万円を払い込めば株式を交付する」という内容の新株予約権を100万円で発行した。

現金預金	100万円	新株予約権	100万円

②権利行使時の会計処理
新株予約権を行使された場合は資本金，資本準備金等に振り替える。

例：ある会社は100万円で発行した新株予約権を行使され，900万円で新株式を発行し，その全額を資本金に組み入れる。

現金預金	900万円	資本金	1,000万円
新株予約権	100万円		

例：ある会社は100万円で発行した新株予約権を行使され，簿価700万円の自己株式を900万円で譲渡した。なお，自己株式の譲渡益はその他資本剰余金として処理する。

現金預金	900万円	自己株式	700万円
新株予約権	100万円	その他資本剰余金	300万円

③権利失効時の会計処理
新株予約権が行使されずに権利行使期間が満了し，失効した時は，その金額を，失効が確定した会計期間の利益（特別利益）とする。

例：ある会社が100万円で発行した新株予約権が失効した。

新株予約権	100万円	新株予約権戻入益	100万円

（2）保有者側の処理

これに対し，保有者側は新株予約権を，デリバティブではなく有価証券として処理します。

具体的には，売買目的有価証券かその他有価証券に区分し，保有目的

区分に従って期末評価を行います。また，新株予約権を行使した時には，売買目的有価証券の場合にはその時点の時価で，その他有価証券の場合には帳簿価額で，それぞれ株式に振り替えます。さらに，権利行使せずに権利が失効した場合には，その失効した期の損失として処理します。

新株予約権の保有者側の会計処理

①取得時の会計処理，期末評価
新株予約権を取得したときは，有価証券の取得として処理する。また，期末評価は保有目的区分に従う。

例：ある会社は「900万円を払い込めば株式を交付する」という内容の新株予約権を100万円で取得した。

投資有価証券	100万円	現金預金	100万円

例：この新株予約権の時価が期末に200万円に上昇した。

投資有価証券	100万円	その他有価証券評価差額金	100万円

有価証券	100万円	売買目的有価証券評価益	100万円

②株式取得時
新株予約権を行使し，株式を取得したときは，その他有価証券の場合は帳簿価額，売買目的有価証券の場合は時価で認識する。

例：簿価100万円の新株予約権（その他有価証券）を900万円で権利行使し，株式を取得した。

投資有価証券	1,000万円	投資有価証券	100万円
		現金預金	900万円

例：簿価100万円，時価200万円の新株予約権（売買目的有価証券）を900万円で権利行使し，株式を取得した。

投資有価証券	1,100万円	投資有価証券	100万円
		現金預金）	900万円
		売買目的有価証券評価益	200万円

③権利失効時の会計処理
新株予約権が行使されずに権利行使期間が満了し，失効した時は，その金額を，失効が確定した会計期間の損失とする。

例：ある会社が100万円で発行した新株予約権が失効した。

新株予約権失効損	100万円	投資有価証券	100万円

③ 新株予約権付社債の会計処理

さて，前述のとおり，**新株予約権付社債**には，「転換社債型」のものと，それ以外のものがあります。

この新株予約権付社債は，パターンによって，4通りの会計処理があります。

区分	発行者側	保有者側
転換社債型の新株予約権付社債	①一括法と区分法の会計処理が認められている	③普通社債の取得に準じて処理する
上記以外の新株予約権付社債	②社債部分と新株予約権部分と区分する	④取得対価を社債部分と新株予約権部分に区分する

まず，①発行者における転換社債型の新株予約権付社債（いわゆる転換社債）の会計処理は，基本的に一括法と区分法の会計処理が認められています。

一括法とは，社債の対価部分と新株予約権の対価部分を区別せず，普通社債の発行に準じて処理する方法です。また，区分法とは，社債の対価部分については普通社債の発行に準じて処理し，新株予約権の対価部分については新株予約権の発行に準じて処理するという方法です。

次に，②転換社債以外の新株予約権付社債については，区分法を適用する必要があります。

新株予約権付社債の発行者側の会計処理

①転換社債型の新株予約権付社債の会計処理

一括法：社債と新株予約権をとくに区別せず，両者を一括して普通社債の発行に準じて処理する

区分法：社債部分は普通社債の発行に準じて処理し，新株予約権部分は新株予約権の発行に準じて処理する

②上記以外の新株予約権付社債の会計処理

区分法：社債部分は普通社債の発行に準じて処理し，新株予約権部分は新株予約権の発行に準じて処理する

　一方，③保有者側における転換社債型の新株予約権付社債については，新株予約権部分と社債部分を区分せず，社債に準じて処理することとされています。株式を取得した場合は保有目的区分に従って処理します。

　また，④転換社債以外の新株予約権付社債については，普通社債部分と新株予約権部分に分けて会計処理することとされています。

新株予約権付社債の保有者側の会計処理

③転換社債型の新株予約権付社債の会計処理

社債の対価部分と新株予約権の対価部分を区分せず，普通社債の取得に準じて処理し，権利行使したときには保有目的区分に従って株式に振り替える

売買目的有価証券	その時点の時価で株式に振り替える
その他有価証券	その時点の帳簿価額で株式に振り替える
満期保有目的の債券	（原則として，転換社債を満期保有目的で保有することはできない）

④上記以外の新株予約権付社債の会計処理

社債部分は普通社債の取得に準じて処理し，新株予約権部分は新株予約権の取得に準じて処理する

3 その他の金融商品

> **ポイント**
> - ここではファンド投資，商品ファンド，不動産の預託金，ゴルフ会員権，現金・預金の5分野を取り上げる
> - いずれも金融商品の特徴に応じた会計処理が定められている

❶ ファンド投資の会計

ファンドとは，「**大勢の投資家からお金を集めて，運用の専門家に預け，専門家が効率よく運用して利益を得て，それを投資家に還元する仕組み**」のことです。有価証券の項でも説明した投資信託（38ページ）も，このファンドの一形態です。

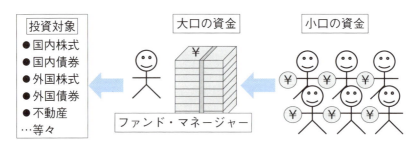

小口の個人投資家の資金力・体力では投資できないような種類の資産（アセット・クラス）であっても，投資信託であれば大口資金や専門的技能により複雑な投資や分散投資などの投資戦略が可能になる。

ただ，同じファンドの仕組みであっても，スキームによってファンドの会計上の取扱いは異なります。金融商品会計上，ファンドには，大きく次の3つの仕組みがあります。

代表的なファンドの投資スキーム

投資信託	いわゆる「投信法」に従って作られるファンド
金銭の信託	運用などを目的に，金銭を委託する信託
組合	共同事業などを営むための投資の仕組み

このうち，「投資信託」と「金銭の信託」は，いずれも「信託」という単語が使われているので紛らわしいですが，両者の会計上の取扱いは異なります。

投資信託は，有価証券の項でも説明したとおり，投資信託の受益証券そのものが有価証券として取り扱われます。

しかし，金銭の信託は，同じ信託という仕組みを利用していますが，投資信託と異なり，会計上の有価証券には該当しません。また，商品設計としても，一般的に投資家が単独であり，また，投資家が自ら運用を行うタイプの信託も設定できる点などが異なります。

投資信託と金銭の信託の違い

項目	投資信託	金銭の信託
投資家の人数	複数	単独
投資の指図	原則として，運用の専門家（委託者）が行う	投資家が行う場合と，専門家に任せる場合がある
転売	ETFの場合は取引所で自由に転売できる	基本的に信託受益権の転売は難しい

投資信託，金銭の信託，組合の会計処理は，以下のようになります。

まず，①投資信託の場合は，投資信託自体が有価証券であるため，保有目的区分を決め（売買目的有価証券やその他有価証券），その保有目的区分に従って会計処理を行います。

　これに対して②金銭の信託の場合は，その金銭の信託の中で運用している有価証券やデリバティブを，金融商品会計に従って評価しなければなりません。その際，金銭の信託は原則として「運用目的」とみなされるため，信託財産構成物に有価証券が含まれている場合，原則として売買目的有価証券として処理する（つまり時価評価・P／L処理する）必要があります。

　さらに，③組合の場合は，金商法上は有価証券ですが，会計上は有価証券ではありません。具体的には，組合が営業により得た利益や損失を，投資家（組合員）が持分割合に応じてP／L処理することとされています。

ファンドの投資スキームと会計処理

投資信託	投資信託そのものが会計上の有価証券であるため，保有目的区分に応じ，その他有価証券なら時価評価・OCI処理，売買目的有価証券なら時価評価・P／L処理する
金銭の信託	金銭の信託は信託財産構成物である有価証券やデリバティブを金融商品会計に従い評価する。原則として有価証券には売買目的の推定規定が働くため，その場合，金銭の信託に含まれる有価証券は時価評価・P／L処理の対象となる
組合	組合員は，組合が獲得した当期の損益の持分相当額を，自身の損益として取り込む

❷　商品ファンドの会計

　商品ファンドとは，投資家から資金を集め，その**資金を「商品」で運用し，運用結果に基づいて金銭で償還を行うファンド**です。投資対象の

商品は，主に原油，金，農作物などの現物商品やそれらの先物取引ですが，なかには映画，競走馬などの現物資産に運用するケースもあります。商品ファンドの契約形態としては，先ほどの「ファンド投資の会計」でも説明した，組合型や信託型，投資信託型などがありますが，中には社債型のファンドもあるようです。

しかし，商品ファンドに該当する場合，投資家にとっての商品ファンドの運用目的は同じであり，投資形態の違いは会計処理を行ううえで問題となりません。

そこで，商品ファンドへの投資については，短期運用目的のものは売買目的有価証券として，中長期の運用の目的のものはその他有価証券として会計処理することとされています。

| 商品ファンドとは？ | 石油，金，銅，小麦といった「現物商品」や，その先物取引などに投資するファンドのこと。なかには映画，競走馬などの現物資産に投資する場合もある |

商品ファンドの会計処理

| 短期運用目的の商品ファンド | 売買目的有価証券 |
| 中長期の運用目的の商品ファンド | その他有価証券 |

③ 不動産の預託金の会計

わが国では，不動産を貸し借りするときに，借主が貸主に対してまとまったお金を差し入れることがあります。これは，もともとは賃貸用の建物を建設する時に，多額の費用が必要となることから，借主が建設に協力する目的で貸主に対して差し入れるものでした。

しかし，現在ではこれに加えて，不動産の賃貸は一般に長期間に及ぶことから，借主（テナント）の賃料支払いを保証するという意味合いが

あるようです。

　こうした不動産の貸し借りに伴って発生するお金について，一般的には，**建設協力金**，**保証金**，**敷金**の区別があります。

　このうち，建設協力金とは，建物の借主が建物の建築費用の一部を負担するために拠出するもので，保証金はそれ以外の目的（特に長期入居の担保など）で差し入れられるものです。ただし，これらの建設協力金や保証金などの法的な位置づけは，必ずしも明確ではなく，また，いつ返済されるかについてもケース・バイ・ケースです。

　これに対して敷金も賃料などの担保のために借主が貸主に対して差し入れるものです。ただ，保証金と異なり，不動産の貸主が代わっても返済を受ける権利があるなど，法的な位置づけは，ある程度は明確です。

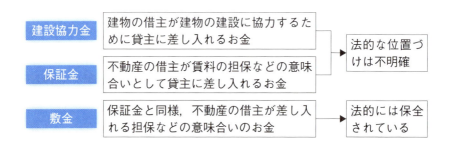

　いずれにせよ，これらの預託金は，不動産の借主から見れば不動産の貸主（大家さん）に対して預託する（つまり貸し付ける）ものであり，不動産の貸主から見れば不動産の借主（テナント）から借り入れるものであるため，金融商品会計上は金銭債権債務として位置づけられます。

　ただし，建設協力金，保証金，敷金には，わが国の不動産市場の慣行上，通常の貸付金・借入金とは異なる性質があります。たとえば，建設協力金の場合は，差し入れてから10年間無利子（あるいは低金利）で据え置かれ，その後，数年間かけて返還される，というケースが多いよう

です。

建設協力金のキャッシュ・フローの例

たとえば借主であるB社が貸主であるAに1億円の建設協力金を支払い，B社はこれを11年後から20年後にかけて1千万円ずつ返済する。

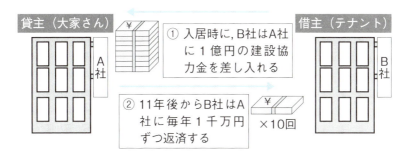

　一般に建設協力金は長期に及ぶものでもあり，また，将来返金されるにしても無利息であることが多いことから，会計上は，割引キャッシュ・フロー（将来返金される金額を市場利子率で割り戻した額）を求めて，建設協力金の当初授受された金額と割引キャッシュ・フローとの差額を，長期前払家賃などとして計上し，毎期の家賃として費用化することが必要です。

建設協力金の当初の会計処理

例：A社はB社に建設協力金を300万円差し入れた。この建設協力金は，3年間据え置き，4年目から6年目にかけて毎年100万円ずつ返済される。また，市場金利は2％だったとする。A社の建設協力金差入時の会計処理を示せ。

<table>
<tr><td rowspan="5">このとき，返済される金額300万円を毎年2％のキャッシュ・フローを割り引くと約272万円となる</td><td>時点</td><td>返済金額</td><td>割引率</td><td>割引後</td></tr>
<tr><td>1年目</td><td>0</td><td>(1.02)</td><td>0</td></tr>
<tr><td>2年目</td><td>0</td><td>$(1.02)^2$</td><td>0</td></tr>
<tr><td>3年目</td><td>0</td><td>$(1.02)^3$</td><td>0</td></tr>
<tr><td>4年目</td><td>100万円</td><td>$(1.02)^4$</td><td>92.38万円</td></tr>
<tr><td></td><td>5年目</td><td>100万円</td><td>$(1.02)^5$</td><td>90.57万円</td></tr>
<tr><td></td><td>6年目</td><td>100万円</td><td>$(1.02)^6$</td><td>88.80万円</td></tr>
<tr><td></td><td>合計</td><td>300万円</td><td>—</td><td>271.75万円</td></tr>
</table>

建設協力金差入時に，算出された割引後の金額（272万円）を長期貸付金に計上し，残額を長期前払賃料として計上する

| 長期貸付金 | 272万円 | 現金預金 | 300万円 |
| 長期前払賃料 | 28万円 | | |

　これに対し，建設協力金以外の預託金（保証金，敷金）については，将来返還されない部分については賃借予定期間にわたって定額法で償却することが必要ですが，それ以外の部分については，基本的に債権に準じて処理します。

❹　ゴルフ会員権

　一般に**ゴルフ会員権**とは，そのゴルフ場でプレイする権利（つまり**ゴルフ場の施設利用権**）のことです。

　ゴルフ会員権の代表的な形態としては，①**預託金会員制度**，②**株式会員制度**，③**公益法人会員制度**がありますが，わが国の場合，①の預託金会員制度が圧倒的に多く，これに次いで②株式会員制度があります。し

かし，③公益法人会員制度（社団法人や財団法人などの仕組みを使うもの）については，ほとんどが戦前，ないしは昭和30年代までに設立されたものであり，事実上，近年は新規の設立はないようです。

ゴルフ会員権の代表的な形態

預託金会員制度	ゴルフ場に対して預託金（保証金）を預け，ゴルフ場は会員に対し，譲渡可能な預託金証書を発行する方式
株式会員制度	株式会社が経営するゴルフ場が，会員に対して株券を発行する方式
公益法人会員制度	公益法人（一般社団法人，公益社団法人，一般財団法人，公益社団法人）形態のゴルフ会員権。一般に終身会員制度で会員権の譲渡は困難（例外的に譲渡可能なケースもある）

※金融商品会計の対象となるのは預託金会員制度と株式会員制度

これらのゴルフ会員権のうち，金融商品会計の対象となるのは，預託金会員制度と株式会員制度です。これらのゴルフ会員権には，譲渡できる場合とそうでない場合（譲渡禁止特約が付いている場合）があります。

これに対し，譲渡可能なゴルフ会員権の場合，譲渡を仲介する業者も多く，有価証券に準じて時価が成立している場合があります。

ただ，一般にゴルフ会員権の譲渡には比較的高額な名義書換料も必要ですし，新たな会員になるためにはゴルフ場からの審査が必要となることもあります。

このように，一般的な有価証券（上場株式など）と異なり，ゴルフ会員権は自由に転々流通するものではないことから，基本的には時価会計の対象となりません。このため，ゴルフ会員権は取得価額により評価することとされています。

なお，名義書換料や入会金などをどう処理するかについては，会計基準には明記されていませんが，付随費用とみなして取得価額に加算すべきでしょう（なお，これらの費用については，法人税法上は取得価額に含めることとされています）。

金融商品会計とゴルフ会員権の関係

- 金融商品会計の対象となるゴルフ会員権
  預託金会員制度，株式会員制度の２者（公益法人会員制度は金融商品会計の対象外）

- ゴルフ会員権の譲渡
  譲渡可能で時価が成立している場合であっても高額な名義書換料や入会金が必要な場合も多く，また，そもそも譲渡禁止特約が存在する場合もある

- 会計処理方法
  ゴルフ会員権は基本的に時価会計の対象外であり，取得価額で評価する（名義書換料や入会金は取得価額に加算する）

　ところで，金融商品会計上，時価会計の対象にならない金融商品についての重要な論点とは，価値が著しく下落した場合の減損処理です。ゴルフ会員権もその例外ではなく，価値が著しく下落し，回復する可能性がない場合には，減損処理が必要です。

　ただし，ゴルフ会員権には「預託金方式」（つまり金銭債権の場合）と「株式方式」（つまり有価証券の場合）があり，また，時価が存在する場合とそうでない場合があるため，ゴルフ会員権の減損処理は４つのパターンがあります。

　まず，時価のあるゴルフ会員権の場合は，時価が簿価と比べて著しく下落している場合，預託金会員制度の場合はその差額を貸倒引当金として設定し，株式会員制度の場合は時価のある有価証券の減損処理に準じ

て処理します。

　一方，時価のないゴルフ会員権の場合は，預託金会員制度の場合，預託保証金の回収可能性に疑義が生じた場合にはその金額を貸倒引当金として設定し，株式の場合はゴルフ場の運営会社の財政状態が著しく悪化した場合に相応の減損処理を行うことが必要です。

ゴルフ会員権の減損処理

		時価のある ゴルフ会員権	時価のない ゴルフ会員権
預託金 会員制度	会計上は金銭債権の 一種	時価・簿価の差額に 貸倒引当金を設定	貸倒見積額を算出し 貸倒引当金を設定
株式 会員制度	会計上は有価証券の 一種	時価のある有価証券 の減損処理に準じる	時価のない有価証券 の減損処理に準じる

❺ 現金・預金

　現金と預金は，会計上，「現金・預金」として一括で取り扱われます。

　現金（通貨）は，中央銀行などが発行する銀行券（**紙幣**），コイン（**貨幣**）です。また，取引先などから小切手を受け取った場合，会計上は「現金」の勘定で処理します。

　これに対し，預金は，銀行等の**金融機関に対する現金を引き出すための請求権**です。理論上は，預金は金融機関に対する金銭債権（金融機関から見ると金銭債務）であり，その金融機関に対する信用リスクを負っているはずです。しかし，現行の企業会計上は，現金も預金もその金額で評価することとされており，貸倒引当金を設定する必要はありません。

現金とは	●銀行券（紙幣），コイン（貨幣）などのお金全般 ●他社が振り出した小切手を受け取ったときもこの勘定で処理する
預金とは	●銀行等の金融機関に対する現金を引き出すための請求権 ●法的には金融機関に対する金銭債権の一種だが，会計上は貸倒引当金を設定する必要はない

　一方，同じ金融機関に対する預金であっても，**譲渡性預金**（NCD）の場合は有価証券として取り扱われます。これは，歴史的な経緯として，NCDが金融機関にとって，**短期社債**（CP）と類似する資金調達手段として発展してきたという経緯もあるからです。このため，NCD保有者は，保有目的区分を設定し，保有目的区分に応じて会計処理を行う必要があります。

　さらに，MMFやMRF（いずれも投資信託），合同運用の金銭の信託のように，投資信託や金銭の信託であっても，実質的に預金と同じように，自由に出し入れできる金融商品があります。このような金融商品は，法的には預金ではありませんが，会計上は預金として取り扱います。

法的な預金と会計上の預金の違い

	会計上の預金に該当する	会計上の預金に該当しない
法的に預金に該当する	普通預金，当座預金，定期預金，定期積金，納税準備預金　等	国内譲渡性預金
法的には預金ではない	MRF，MMF，合同運用の金銭の信託	―

　会計上の有価証券に該当しない有価証券として，小切手や手形があります。このうち，手形を受け取った場合には金銭債権として「受取手形」の勘定科目で処理し，手形を振り出した場合には金銭債務として

「支払手形」の勘定科目で処理します。これに対し，小切手を受け取った場合には「現金預金」として処理し，小切手を振り出した場合には，当座預金の減少として処理するという違いがあります。

小切手と手形の会計処理の違い

	受け取った場合	振り出した場合
小切手の場合	現金預金として処理	当座預金の減少として処理
手形の場合	受取手形として処理	支払手形として処理

金融資産・負債の定義

　金融商品会計は，金融資産と金融負債の会計処理についての膨大な体系です。この点，金融資産とは「現金預金，金銭債権，有価証券，デリバティブ取引により生じる正味の債権」，金融負債とは「金銭債務，デリバティブ取引により生じる正味の債務」と定義されており，いわば，個別の金融資産・負債の名称を列挙している格好です。

　これについて，「金融資産とは現金および将来のキャッシュ・インフローをもたらすもの」，「金融負債とは将来のキャッシュ・アウトフローをもたらすもの」と定義する考え方もあります。そして，このように統一的に定義すれば，金融商品会計はもう少しすっきりと体系立てて設計することができるのではないかとする議論です。

　ただ，経済社会は「生き物」であり，経済の需要に応じて，新たな金融商品が開発されていくという事情もあります。何より国際的な会計基準においては，2008年の金融危機を受けた会計基準の見直しに事実上失敗してしまい，迷走を続けているという状況にもあります。

　これらの状況に照らすならば，金融資産や金融負債について統一的な定義を設けるのではなく，個別の金融商品に応じて臨機応変に金融商品会計の規定を形成するという，わが国の現行の金融商品会計のあり方には，実は非常に高い合理性があるのかもしれません。

【著者紹介】

岡本　修（おかもと　おさむ）

1998年　慶應義塾大学商学部卒業，国家公務員採用 I 種試験（経済職）合格
2000年　中央青山監査法人入社，会計士補開業登録
2002年　朝日監査法人（現有限責任 あずさ監査法人）入社。大手金融機関等の会計監査に従事
2004年　公認会計士開業登録
2006年　みずほ証券入社。マーケット部門にて金融機関を中心とするソリューション営業に従事
2015年　合同会社新宿経済研究所設立，代表社員社長に就任（現在に至る）

〈単著〉
『ファンド投資戦略の会計と税務』中央経済社，2017年
『デリバティブ投資戦略の会計実務』中央経済社，2017年
『外貨建投資・ヘッジ戦略の会計と税務』中央経済社，2015年
『金融機関のための金融商品会計ハンドブック』東洋経済新報社，2012年

〈共著〉
『国内行向けバーゼルⅢによる新金融規制の実務』中央経済社，2014年
『詳解バーゼルⅢによる新国際金融規制』中央経済社，2012年
『金融マンのためのこれ一冊でわかるデリバティブ・証券化商品入門』東洋経済新報社，2008年

すらすら金融商品会計

2018年1月1日　第1版第1刷発行

著　者	岡　本　　　修
発行者	山　本　　　継
発行所	㈱中　央　経　済　社
発売元	㈱中央経済グループ パブリッシング

〒101-0051　東京都千代田区神田神保町1-31-2
電話　03（3293）3371（編集代表）
　　　03（3293）3381（営業代表）
http://www.chuokeizai.co.jp/
印刷／三 英 印 刷 ㈱
製本／㈲井 上 製 本 所

ⓒ 2018
Printed in Japan

＊頁の「欠落」や「順序違い」などがありましたらお取り替えいたしますので発売元までご送付ください。（送料小社負担）
ISBN978-4-502-25191-7　C3034

JCOPY〈出版者著作権管理機構委託出版物〉本書を無断で複写複製（コピー）することは，著作権法上の例外を除き，禁じられています。本書をコピーされる場合は事前に出版者著作権管理機構（JCOPY）の許諾を受けてください。
　JCOPY〈http://www.jcopy.or.jp　e メール：info@jcopy.or.jp　電話：03-3513-6969〉

―― ■おすすめします■

学生・ビジネスマンに好評
■最新の会計諸法規を収録■

新版 会計法規集

中央経済社編

会計学の学習・受験や経理実務に役立つことを目的に，最新の会計諸法規と企業会計基準委員会等が公表した会計基準を完全収録した法規集です。

《主要内容》

会計諸基準編＝企業会計原則／外貨建取引等会計処理基準／連結CF計算書等作成基準／研究開発費等会計基準／税効果会計基準／減損会計基準／自己株式会計基準／１株当たり当期純利益会計基準／役員賞与会計基準／純資産会計基準／株主資本等変動計算書会計基準／事業分離等会計基準／ストック・オプション会計基準／棚卸資産会計基準／金融商品会計基準／関連当事者会計基準／四半期会計基準／リース会計基準／工事契約会計基準／持分法会計基準／セグメント開示会計基準／資産除去債務会計基準／賃貸等不動産会計基準／企業結合会計基準／連結財務諸表会計基準／研究開発費等会計基準の一部改正／変更・誤謬の訂正会計基準／包括利益会計基準／退職給付会計基準／原価計算基準／監査基準／連続意見書　他

会 社 法 編＝会社法・施行令・施行規則／会社計算規則

金 商 法 編＝金融商品取引法・施行令／企業内容等開示府令／財務諸表等規則・ガイドライン／連結財務諸表規則・ガイドライン／四半期財務諸表等規則・ガイドライン／四半期連結財務諸表規則・ガイドライン　他

関 連 法 規 編＝税理士法／討議資料・財務会計の概念フレームワーク　他

■中央経済社■ ――

■最新の監査諸基準・報告書・法令を収録■

監査法規集

中央経済社編

本法規集は，企業会計審議会より公表された監査基準をはじめとする諸
基準，日本公認会計士協会より公表された各種監査基準委員会報告書・
実務指針等，および関係法令等を体系的に整理して編集したものである。
監査論の学習・研究用に，また公認会計士や企業等の監査実務に役立つ
1冊。

《主要内容》

企業会計審議会編＝監査基準／不正リスク対応基準／中間監査基準／
四半期レビュー基準／品質管理基準／保証業務の枠組みに関する
意見書／内部統制基準・実施基準

会計士協会委員会報告編＝会則／倫理規則／監査事務所における品質
管理　《**監査基準委員会報告書**》　監査報告書の体系・用語／総
括的な目的／監査業務の品質管理／監査調書／監査における不正
／監査における法令の検討／監査役等とのコミュニケーション／
監査計画／重要な虚偽表示リスク／監査計画・実施の重要性／評
価リスクに対する監査手続／虚偽表示の評価／監査証拠／特定項
目の監査証拠／確認／分析的手続／監査サンプリング／見積りの
監査／後発事象／継続企業／経営者確認書／専門家の利用／意見
の形成と監査報告／除外事項付意見　他《**監査・保証実務委員会
報告**》継続企業の開示／後発事象／会計方針の変更／内部統制監
査／四半期レビュー実務指針／監査報告書の文例

関係法令編＝会社法・同施行規則・同計算規則／金商法・同施行令／
監査証明府令・同ガイドライン／内部統制府令・同ガイドライン
／公認会計士法・同施行令・同施行規則

法改正解釈指針編＝大会社等監査における単独監査の禁止／非監査証
明業務／規制対象範囲／ローテーション／就職制限又は公認会計
士・監査法人の業務制限

2017年1月1日現在の基準書・解釈指針を収める
IFRS財団公認日本語版！

IFRS® 基準 *2017*

IFRS財団 編　企業会計基準委員会　監訳
公益財団法人 **財務会計基準機構**

中央経済社刊 定価17,280円（分売はしておりません）B5判・4080頁
ISBN978-4-502-23701-0

IFRS適用に必備の書！

● **唯一の公式日本語訳・最新版**　本書はIFRSの基準書全文を収録した **IFRS Standards 2017**の唯一の公式日本語翻訳。2010年3月決算より、国際財務報告基準（IFRS）の任意適用がスタートしたが、わが国におけるIFRS会計実務は、日本語版IFRSに準拠することとなっているので、IFRS導入に向けた準備・学習には不可欠の一冊である。

● **使いやすい2分冊**　2010年版から英語版の原書が2分冊となったため、日本語版もPART AとPART B 2分冊の刊行となっている。各基準書の本文を**PART A**に収録し、「結論の根拠」「設例」などの「付属文書」を**PART B**に収録。**基準書本文と付属文書の相互参照も容易**となっている。

● **最新の基準と最新の翻訳**　第15号「顧客との契約から生じる収益」の明確化等の最新基準を収録したほか、2017年1月1日までの基準・解釈指針の新設・改訂をすべて織り込む。また、とくに改訂がなかった基準も、より読みやすい日本語訳を目指して訳文を見直した。
IFRSの参照に当たっては、つねに最新の日本語版をご覧ください。

中央経済社
東京・神田神保町1
電話 03-3293-3381
FAX 03-3291-4437
http://www.chuokeizai.co.jp/

収録内容
国際財務報告基準（IFRS）
国際会計基準（IAS）
解釈指針（IFRIC・SIC）
概念フレームワーク ほか
PART A収録
結論の根拠・適用ガイダンス・設例
用語集・索引ほか
PART B収録

▶ 価格は税込みです。掲載書籍は中央経済社ホームページ http://www.chuokeizai.co.jp/ からもお求めいただけます。